서른에 법구경을 알았더라면

서른에 법구경을 알았더라면

지은이 | 김윤환

초판 13쇄 발행 | 2015년 10월 21일

발행처 | 도서출판 작은씨앗
공급처 | 도서출판 보보스
발행인 | 김경용

등록번호 | 제 300-2004-187호   등록일자 | 2003년 6월 24일

주소 | 서울시 서초구 우면동 77-13
전화 | (02) 333-3773   팩스 | (02) 735-3779
이메일 | ky5275@hanmail.net

ISBN 978-89-6423-132-6 13220

이 도서의 국립중앙도서관 출판시도서목록(CIP)은 e-CIP홈페이지(http://www.nl.go.kr/ecip)와
국가자료공동목록시스템(http://www.nl.go.kr/kolisnet)에서 이용하실 수 있습니다.
(CIP제어번호: CIP2011004762)

앞만 보고 달려온 30·40·50대에게 쉼표를

서른에 법구경을 알았더라면

김윤환 지음

화엄경에 나오는 일체유심조(一切唯心造)는 '세상사 모든 일은 마음먹기에 달려 있다'는 뜻이지만, 바쁘게 살다 보니 진짜 마음이 무엇인지도 모르고 살고 있는 듯한 느낌이다. 이런저런 복잡한 일들로 마음이 심란하고 어수선할 때 이 책을 만난 것이 마치 오래된 친구라도 만난 것처럼 반갑고 기쁘다. 역시나 이 책은 과연 반가운 옛 친구처럼 내 고민을 친절하게 들어 주고, 복잡한 문제들을 어떻게 차근차근 풀어 가야 하는지 알려 주는 것 같았다. 책을 한 권 읽고 머릿속이 맑아지는 경험을 하는 것이 얼마 만인가!
— 부산상공회의소 회장 신정택

『서른에 법구경을 알았더라면』은 번잡한 세상살이로 인해 세속에 때묻은 채 아등바등 살아가는 현대인의 삶을 고쳐 세우는 매섭지만 다정하고, 종교적이지만 초종교적인 메시지를 던지는 정신이 번쩍 나게 해 주는 '죽비' 같은 책이다.
— 부산문화재단 대표이사 남송우

책을 추천한다는 건 별일 아닌 듯하면서도 생각해 보면 어려운 일이다. 내가 추천해 주는 책의 수준으로 누군가는 나의 수준을 가늠하기도 할 테다. 그런 이유로 좋은 책이라고 생각하면서도 누구에게 권해 보지 못한 채 내 가슴으로만 품은 양서들도 꽤 되었을 게다. 그러나 『서른에 법구경을 알았더라면』은 내 가슴 밖으로, 세상 밖으로 감히 추천의 말을 내려놓는다. 쉬운 듯 보이나 결코 쉬이 걸어갈 수 없는 인생의 정도(正道)로 나를, 그리고 우리를 이끌어줄 책이다.
— 삼성출판박물관 관장·문화유산국민신탁 이사장 김종규

젊은 시절 나는 "한 권의 책이 사람의 인생을 뒤바꿔 놓을 수 있다"는 말을 믿지 않았다. 이 말을 무슨 일이나 과장하기 좋아하고 번지르르하게 포장하는 일에만 신경 쓰는 사람들의 미사여구 정도로 치부해 버리곤 했다. 그러나 세상을 좀 더 살고, 그만큼 연륜이 쌓여 가면서, 또 책과의 인연이 더욱 잦아지고 깊어지면서 이 말의 진실성을 차츰 신뢰하게 되었다. 『서른에 법구경을 알았더라면』, 이 책도 어쩌면 당신의 삶을 조금은 바꾸어 놓는 그런 책이 될 수 있지 않을까 한다.

— 부산은행 은행장 이장호

나를 비롯한 세상 사람들이 살아가는 것을 둘러보면 때로 가슴이 뻐근할 정도로 안쓰러울 때가 있다. 과연 우리는 인생을 살아가고 있는 것인가, 살아내고 있는 것인가. 끝내 정답 내리지 못할 이 회의조차 원망스럽던 삶의 한복판에서 『서른에 법구경을 알았더라면』을 만났다. 지금까지 우리가 살아온 날들이 그저 목적 없이, 의식 없이 살아내고 있었던 날들이었다 해도 앞으로 남은 날들을 제대로 한 번 살아보겠다는 결심이 서게 하는 책, 내 안에 그런 의지가 남아 있다는 사실만으로 가슴 벅차게 하는 책, 『서른에 법구경을 알았더라면』. 그대에게 감히 권한다.

— (사)대한출판문화협회 · (주)범우 회장 윤형두

지금까지 당신은 인생을 살면서 진정 당신의 삶에 '멘토'가 되어 주는 책을 몇 권이나 만났는가? 책을 정말 많이 읽은 사람이라면 여러 권을 꼽을 수 있겠지만, 대다수 사람들은 많아야 한두 권을 꼽을 수 있을 것이다. 『서른에 법구경을 알았더라면』은 '내 인생의 멘토' 같은 책이다. 당신도 진정한 멘토를 하나쯤 갖고 싶다면 서둘러 이 책을 소유하라!

— 대한불교조계종 포교원장 혜총

불가에서 법(法)은 진리를 가리킨다. 그러니까 『서른에 법구경을 알았더라면』은 '진리의 말씀'이다. 자비의 화신 일타스님께서 생전에 '밥'과 '법'에 대해서 '밥'은 육신의 양식이고 '법'은 영혼의 양식이라고 말씀하신 바 있다. 이 책은 생존을 위해 앞만 보고 달려온 오늘 우리들에게 영혼을 살찌우게 하고, 나를 돌아보게 하는 진리를 선사하고 있다. 채식주의자의 풋풋한 밥상 같은 느낌을 주는 책이다.

— 無染 정찬주(소설가)

깊은 산 속에서 길을 잃고 헤맨 적이 있는가? 날은 어두워지고 어둠이 닥쳐오면 어디로 가야할 지 몰라 방황하게 된다. 이 때 저 멀리서 깜박이는 불빛이 보이면 마음이 어떻겠는가?『서른에 법구경을 알았더라면』은 깊은 산속에서 길을 잃고 헤매는 사람에게 보이는 불빛과 같은 책이다. 이 책을 읽으면 어느새 나도 모르게 마음이 안정되고 올바른 길로 나아가게 되는 것을 느낀다. 인생의 기로에서 헤매는 사람들에게 특히 권하고 싶은 책이『서른에 법구경을 알았더라면』이다!

— 부산교수불자연합회 회장 박영병

세상의 진리를 '득'하신 분이 전해주는 삶의 진실된 조언이 바로 이것이라고 생각됩니다. 많은 분들이『서른에 법구경을 알았더라면』을 곁에 두고 읽고 또 읽었으면 하기에 추천하고자 합니다.

— 한국외국어대학교 스페인어과 학과장 나송주

석가는 자신의 생명을 걸고 수행하여 얻은 것을 법구경으로 남겼습니다. 부처의 생명을 담아서 응축한 느낌의『서른에 법구경을 알았더라면』을 추천합니다.

— (주)카프솔루션 대표 강운구

'살벌한' 세상을 살아가는 요즈음 '살만한' 세상으로 보이게 하는 이치들을 담았네요. 타인에게 요구하는 것이 아니라 내가 먼저 변하게 하는, 세상을 변화시키는 것은 바로 나 자신이라는 것은 새삼 알려주네요.『서른에 법구경을 알았더라면』정말로 강력 추천합니다.

— 생태동화작가 이상권

법구경은 부처님의 말씀 중에서도 진리만을 모아둔 책이다. 저자는 오랜 불심의 내공으로 진리의 말씀 중에서도 우리에게 꼭 필요한 옥석만을 골랐다. 우리는 이 단 한 권의 책으로 법구경의 핵심을 읽을 수가 있다.

— 호원대학교 사회복지학과 겸임교수 송종희

동방의 고전, 짜릿한 전율, 법구경

언어로 표현할 수 없는 놀라운 상태를 '불가사의(不可思議)'라고 합니다. 『화엄경(華嚴經)』에 이르기를 '부처의 지혜는 허공처럼 끝이 없고 그 법(法)인 몸은 불가사의하다'라고 했습니다. '불가사의'라는 말의 어원은 여기에서 비롯되었습니다.

불경은 종류와 그 내용이 방대합니다. 그것은 아무리 퍼내어도 줄지 않는 샘물과 같습니다. 그러나 한편으로 그 방대함으로 인해 일반인들이 접근하는 데 장애가 됩니다. 지레 겁을 먹거나 포기하기 때문입니다. 저 역시 다르지 않았습니다. 그래서 경전의 좋은 말씀들을 틈나는 대로 가려 뽑고 메모해 보았습니다. 그것을 함께 나누어 먹고 싶은 소박한 심정으로 이 책을 엮었습니다.

『법구경(法句經)』은 시대를 초월해 현대인들의 마음에 가장 절실하고 간절하게 다가오는 경전입니다. 짧은 경구로 가슴을 찌릅니다. 법구경은 범어로 '담마파타', 즉 진리의 말씀이란 뜻입니다. 현재 우리가 볼 수 있는 법구경은 모두 26장으로 구성되어 있고 그 게송은 423수의 시구로 되어 있습니다.

법구경의 두드러진 특색은 시의 형식을 빈 잠언, 지혜의 말씀이라는 점입니다. 이 게송들은 부처님의 가르침을 간결한 노래의 형식으로 입에서 입으로 전하고자 했던 원시불교교단 구성원들의 노작입니다.

법구경은 부처님의 가르침을 따르는 가장 근본적인 문제를 다루고 있습니다. 결국 법구경의 요지는 "어떻게 믿어야 하는가?"와 "어떻게 살아야 하는가?" 이 두 가지 문제로 귀결됩니다. 출가 수행자나 재가 신도를 막론하고, 부처님의 가르침을 받드는 일의 근본은 바로 자신의 마음을 닦는 일, 그래서 모든 욕망과 집착으로부터 벗어나는 일에서 비롯됩니다. 불교에 대해 깊은 이해가 없는 사람들까지도 법구경만은 별다른 저항감 없이 받아들입니다. 이것은 법구경만이 가진 깊은 지혜의 보편성 때문일 것입니다.

구슬이 서 말이라도 꿰어야 보배요, 부뚜막의 소금도 집어넣어야 짭니다. 이미 많은 학자와 고승들에 의해서 법구경에 대한 해석서, 해설서 등이 나와 있습니다. 이 책은 학문적으로 접근한 것이 아닙니다. 50여 년간 불교와 인연 맺고 책 속에 묻혀 사는 필자가 짧고 간략하게 법구경의 지혜를 나누고자 엮은 것입니다. 경에 대한 학술적 해석은 능력 밖인지라 유관한 이야기와 에피소드를 곁들였습니다. 법구경의 심오한 말씀을 가슴에 담는 데 양념 역할을 하길 기대합니다. 편하게 다가가서 지혜의 맛을 느끼기를 서원합니다.

영광도서에서 代山 김 윤 환 손모음

차례

제1장

연꽃 잎엔 물이 묻지 않는다

사랑, 그 참을 수 없는
존재의 병을 어찌 할꼬?

사랑하는 사람을 만들지 마라.

미운 사람도 만들지 마라.

사랑하는 사람은 못 만나 괴롭고

미운 사람은 만나서 괴롭다.

不 當 趣 所 愛 (부당취소애)

亦 莫 有 不 愛 (역막유불애)

愛 之 不 見 憂 (애지불견우)

不 愛 亦 見 憂 (불애역견우)

통계를 내어본 적은 없지만 대중가요의 제목이나 가사 중에 가장 많이 쓰인 단어는 아마도 '사랑'일 것입니다. 그만큼 사랑은 인간에게 간절한 욕망입니다.

그러나 애석하게도 사랑은 눈물의 씨앗이고 사랑 뒤에는 아픔과 고통이 기다리고 있습니다. 그래도 사랑을 해야 하나요, 말아야 하나요? 결혼은 해도 후회하고 안 해도 후회한다고 했으니 그럴 바엔 사랑도 한 번쯤 치열하게 해버리는 것이 어떨까요? 그 대상이 굳이 사람일 필요는 없겠지요.

사람에 대한 사랑은 쉬 뜨거워지고 쉬 식습니다. 애증은 등을 맞대고 있는 동전의 양면과 같습니다. 오래도록 변치 않는 물맛 같은 사랑을 찾아봅시다. 자연에 대한 사랑, 이웃에 대한 봉사, 나눔과 베풂이 물맛 같은 사랑일 것입니다.

사랑은 순박해야 하고 소탈하고 너그럽고 정다워야 합니다. 순간순간을 즐기되 타락한 쾌락은 멀리해야 합니다. 자연을 벗하여 겸손을 배우고 따뜻한 눈으로 주위를 바라볼 때 정다운 사랑의 문이 열립니다.

樂而不流(낙이불류), 즐거워도 무절제 하지 않고, 哀而不悲(애이불비), 슬퍼도 아파하지 않아야 합니다. 하나하나 잃어가는 상실의 시대입니다. 보다 단순하게, 아이들처럼 함께 웃고 삽시다.

不	當	趣	所	愛	亦	莫	有	不	愛
아닐 부	당할 당	달릴 취	바 소	사랑 애	또 역	없을 막	있을 유	아니 불	사랑 애

愛	之	不	見	憂	不	愛	亦	見	憂
사랑 애	갈 지	아닐 불	볼 견	근심할 우	아닐 불	사랑 애	또 역	볼 견	근심할 우

나를 옭죄는 사슬도 내가 만들고,
그것을 푸는 열쇠도 내게 있다

그러므로 사랑하는 사람을 애써 만들지 마라.
사랑하는 사람과 헤어지는 것은 참으로 고통이다.
사랑하는 사람도, 사랑하지 않는 사람도 없으면
그 이에게는 얽매임이 없다.

是 以 莫 造 愛 (시이막조애)
愛 憎 惡 所 由 (애증오소유)
己 除 結 縛 者 (기제결박자)
無 愛 無 所 憎 (무애무소증)

사랑이 있는 곳에 걱정이 생기고 사랑이 있는 곳에 두려움이 생깁니다. 사랑에 집착하지 않으면 걱정도 두려움도 없습니다. 사랑은 미움의 뿌리입니다. 사랑하는 사람도 만들지 말고, 미워하는 사람도 만들지 맙시다.

사랑하는 사람은 못 만나서 괴롭고, 미워하는 사람은 만나서 괴롭습니다. 사랑하는 이가 백 명이 있는 이에겐 백 가지 괴로움과 슬픔이 뒤따릅니다. 그러나 사랑하는 이가 없는 사람에겐 괴로움이 없습니다. 그런 사람에겐 슬픔도 없고 번민도 없습니다.

이것은 사랑을 하지 말고 살라는 말이 아니라 사랑이라는 데 집착하지 말라는 말이겠지요. 집착하지 않는 맑고 열린 사랑을 할 일입니다. 사랑이 집착이 될 때는 사랑의 크기만큼 그 뒤에 숨겨진 미움도 함께 크기 때문입니다.

많이 사랑할수록 상대방에게 배신당하거나 헤어졌을 때 더 큰 아픔과 배신감을 느끼는 법입니다. 남녀의 사랑, 자식에 대한 사랑이 맹목적인 집착이 되면 칼날을 움켜잡는 것입니다. 자칫 시퍼런 칼날에 베이고 맙니다.

是	以	莫	造	愛	愛	憎	惡	所	由
옳을 시	써 이	없을 막	지을 조	사랑 애	사랑 애	미워할 증	미워할 오	바 소	말미암을 유

己	除	結	縛	者	無	愛	無	所	憎
자기 기	섬돌 제	맺을 결	묶을 박	사람 자	없을 무	사랑 애	없을 무	자리 소	미워할 증

상대적이고 이기적인 사랑은
반드시 괴로움과 파멸을 부른다

사랑에서 근심이 생기고
사랑에서 두려움이 생긴다.
사랑에서 빗어난 이는 근심이 없는데
어찌 두려움이 있겠는가.

愛 樂 生 憂 (애락생우)
愛 樂 生 畏 (애락생외)
無 所 愛 樂 (무소애락)
何 憂 何 畏 (하우하외)

사랑의 묘약은 그 효능이 정말 대단합니다. 에로스의 화살은 피할 곳
없는 폭풍입니다. 모든 이성과 감각이 마비되어 평범한 여자가 천사
로 보이고 평범한 남자를 신화 속 위대한 영웅으로 착각하게 합니다.
흔히 눈에 콩깍지가 씐다고 하지요.

　인간의 사랑은 자기중심주의에서 출발하기 때문에 억제할 수 없는
갈망으로 가득합니다. 그래서 이성의 마비는 분별을 혼란시키고 충
고에 귀먹게 되며 필사적인 광증으로까지 치닫게 됩니다.

　아무리 누가 뭐라고 해도 그 터널을 빠져나오기까지 사랑은 불꽃
이고 극락과 지옥이며 쾌락과 고통과 슬픔 들이 뒤섞인 근심과 불안

의 원인이라는 사실을 모릅니다.

　그러나 세상에는 그 터널을 미처 빠져나오기도 전에 괴로움과 슬픔을 못 이겨 목숨을 끊어버리는 사람도 있고 그 터널을 빠져나왔어도 깊게 입은 마음의 상처 때문에 고통을 당하는 이도 있습니다.

　결국 자신을 속이고 속임을 당하는 것에서 시작하여 남을 속이고 속임 당하게 함으로써 끝나는, 상대적이고 이기적인 사랑은 반드시 괴로움과 파멸을 부릅니다.

　그래서 부처님은 상대적이고 이기적인 마음을 떠나면 설사 자기를 배반하는 사람이 있다 해도 증오가 따르지 않게 되며 증오가 없으면 괴로움도 없어지므로 이것이 큰 사랑인 자비의 문으로 들어가는 길이라 하셨습니다.

愛	樂	生	憂	愛	樂	生	畏
사랑 애	즐길 락	날 생	근심할 우	사랑 애	즐길 락	날 생	두려워할 외

無	所	愛	樂	何	憂	何	畏
없을 무	자리 소	사랑 애	즐길 락	어찌 하	근심할 우	어찌 하	두려워할 외

쾌락을 좇다 보면
인격과 품위가 파탄난다

쾌락에서 근심이 생기고
쾌락에서 두려움이 생긴다.
쾌락에서 벗어난 이는 근심이 없는데
어찌 두려움이 있겠는가.

好 樂 生 憂 (호락생우)

好 樂 生 畏 (호락생외)

無 所 好 樂 (무소호락)

何 憂 何 畏 (하우하외)

어느 축제일에 부처님께서 많은 대중을 거느리시고 웨살리성으로 들어갔습니다. 이때 릭차위 왕자들이 부처님 일행의 맞은편에서 화려한 옷을 입고 오고 있었습니다. 그들과 마주쳤을 때 부처님께서는 빙그레 웃으며 대중들에게 이렇게 말씀하셨습니다.

"천상세계에 가보지 못한 사람들은 여기 릭차위 왕자들의 화려한 옷차림을 잘 보아두도록 하여라. 천상의 화려함과 아주 흡사하구나."

왕자들은 축제가 열리고 있는 환희의 동산으로 가는 중이었습니다. 그런데 동산에 도착한 왕자들은 그곳에 있는 아름다운 여인을 서로 차지하려고 언쟁을 벌였고, 결국은 치고받는 싸움으로 발전했습니다. 화려하고 장엄하던 왕자들의 품위와 위신은 형편없이 추락했습니다. 그들의 옷은 모두 찢겨졌고 어떤 왕자는 피를 흘리며 들것에 실려 갔고, 어떤 왕자는 다리를 절룩거리면서 되돌아갔습니다.

이때 부처님과 일행이 성에서 공양을 마치고 돌아오다가 이 같은 왕자들의 모습을 보게 되었습니다. 부처님께서는 왕자들의 비참한 모습, 마치 전쟁에서 돌아오는 패잔병 같은 광경을 보시고 이렇게 말씀하시었습니다.

"비구들아, 감각적인 쾌락을 즐기려는 마음과 그에 대한 집착 때문에 모든 슬픔과 두려움이 일어난다."

술, 여자, 도박 앞에서 사람의 진솔한 성품이 나타난다고 합니다. 격앙된 상태에서 술을 얼마나 절제할 줄 아는가, 모두가 푹 빠질만한 매혹적인 여인 앞에서 얼마나 의연한가 하는 것입니다. 어쩔 수 없이 참여한 상갓집 화투판일망정 양보와 재치를 얼마나 발휘했는가 돌아봅니다.

好	樂	生	憂	好	樂	生	畏
좋을 호	즐길 락	날 생	근심할 우	좋을 호	즐길 락	날 생	두려워할 외

無	所	好	樂	何	憂	何	畏
없을 무	자리 소	좋을 호	즐길 락	어찌 하	근심할 우	어찌 하	두려워할 외

매끈한 듯 보이는 연꽃잎 표면에는
무수한 돌기가 돋아 있다

깊은 못은 맑고 고요해
물결에 흐려지지 않는 것처럼
지혜로운 사람은 진리를 듣고
마음이 저절로 깨끗해진다.

譬 如 深 淵 (비여심연)
澄 靜 淸 明 (징정청명)
慧 人 聞 道 (혜인문도)
心 爭 歡 然 (심쟁환연)

흙탕물 속에서도 연꽃잎은 깨끗합니다. 매끈한 듯 보이는 연꽃잎 표면을 전자현미경으로 관찰하면 마이크로미터(100만분의 1미터) 크기의 돌기가 무수히 돋아 있습니다. 돌기 끝부분에는 나노미터 크기의 더 작은 돌기가 오톨도톨하게 나 있습니다. 이런 구조 때문에 연꽃잎은 물을 극도로 싫어하는 초소수성을 갖습니다. 연꽃잎에 물이 닿으면 퍼지지 않고 방울 형태로 뭉쳐집니다. 연꽃잎 위에서 뭉친 물방울은 그대로 흘러내리며 먼지를 쓸어내립니다. 자기세정효과이지요.

깨달은 사람, 지혜로운 사람도 이와 같겠지요. 겉으로 보기엔 매끈하나 그 표면과 내면에는 수행의 돌기가 무수히 자리 잡고 있겠지요.

꽃향기는 바람을 거스르지 못합니다. 그러나 착한 사람의 향기는 바람을 거슬러 흘러가고 올바른 사람은 모든 방향에서 향기를 뿌립니다. 사랑스럽고 색깔이 아름다울지라도 향기가 없는 꽃처럼 실천이 따르지 않는 훌륭한 말은 겉치레에 불과합니다.

낡은 것을 혐오할 필요도 없고 새로운 것에 매혹당할 필요도 없습니다. 사라져 가는 것을 슬퍼하지 말고 애착에 붙잡히지 맙시다. 지혜로운 사람은 모든 것에서 욕망을 버리고, 쾌락을 구하는 헛수고를 하지 않습니다. 어진 이는 즐거움을 만나나 괴로움을 만나나 흔들리는 기색이 없습니다. 내 것이라고 집착하여 욕심을 부리는 사람은 걱정과 슬픔과 인색함을 버리지 못합니다. 그러므로 안온함을 얻은 성인은 소유를 버리고 떠납니다. 건강은 가장 큰 이익이고, 만족은 가장 큰 재산입니다.

譬	如	深	淵	澄	靜	淸	明
비유할 비	같을 여	깊을 심	못 연	맑을 징	고요할 정	맑을 청	밝을 명

慧	人	聞	道	心	爭	歡	然
슬기로울 혜	사람 인	들을 문	길 도	마음 심	다툴 쟁	기뻐할 환	그러할 연

욕망의 불꽃이 꺼져버린
평온한 상태를 향하여

잡념이란 잡념은 모두 끊어 버리고

먹고 입음에 구애받지 않는

그런 사람의 깨달음의 경지는

텅 비어 아무 흔적도 없기 때문에

허공을 나는 새의 자취처럼 알아보기가 어렵다.

如 鳥 飛 虛 空 (여조비허공)

而 無 有 所 碍 (이무유소애)

彼 人 獲 無 漏 (피인획무루)

空 無 相 願 定 (공무상원정)

애욕(愛慾)은 갈애(渴愛)라고도 합니다. 산스크리트어 tanha에서 온 말인데, 목이 마른 것을 뜻합니다. 목마른 사람이 물을 찾듯 애타 하는 모양을 가리킵니다. 또한 애욕을 탐애(貪愛)라고도 하는데 산스크리트어 raga에서 온 말입니다. 붉다는 뜻, 불이 벌겋게 타오르는 모양을 말합니다. 갈애와 탐애는 모두 욕망의 격렬함을 비유한 말입니다.

출가 수행자는 물론 일반인들에게도 애욕은 골칫거리입니다. 잘못 내디딘 애욕의 수렁은 10년 공부를 허사로 만들고 평생 쌓은 명예를 한순간에 물거품으로 만들어 버립니다. 'OO스캔들'이라고 가끔 매스컴을 장식하는 것들이 그런 것이지요.

도대체 애욕의 정체는 무엇일까요? 그리스신화는 이렇게 규정하고 있습니다. 애욕의 여신인 아프로디테의 별명 중에 '아프로디테 포르네', 즉 음란한 아프로디테라는 별명이 있습니다. 여기서 유래한 말이 포르노그라피, 포르노입니다. 아프로디테를 보면 애욕이 생기지 않는 남성이 없는데, 혹시라도 그런 남성에게는 '케스토스 히마스(마법의 띠)'라는 비밀 병기를 사용하면 아무도 저항할 수 없다고 합니다.

아프로디테는 크로노스가 자른 우라노스의 생식기에서 생겨났다고 합니다. 크로노스의 상징은 '낫'입니다. 낫은 때가 되면 모든 것을 소멸시키는 시간을 상징합니다. 하여간에 그 거품에서 나왔는데 그 거품을 그리스어로 '아프로스', 즉 거품에서 나온 여신이라고 해서 '아프로디테'라는 이름이 되었다고 합니다. 그러니까 아프로디테가 상징하는 아름다움은 사실 거품 같은 것임을 가르치는 것이라고도 할 수 있습니다.

우라노스의 생식기에서 태어났다는 것은 해석하면 생식기와 아프로디테의 아름다운 육체는 둘이 아니고 하나라는 것인데 바로 이것이 애욕의 정체이기도 합니다.

如	鳥	飛	虛	空	而	無	有	所	碍
같을 여	새 조	날 비	빌 허	빌 공	말 이를 이	없을 무	있을 유	바 소	거리낄 애

彼	人	獲	無	漏	空	無	相	願	定
저 피	사람 인	얻을 획	없을 무	샐 루	빌 공	없을 무	서로 상	원할 원	정할 정

애욕은 착한 법을 태워버리는
불꽃과 같아서 모든 공덕을 없애버린다

천박한 집념과 불타는 욕망에

정복된 사람은

근심 걱정이 쉬지 않고 자란다.

비 맞아 무성한 비라나 넝쿨처럼.

以 爲 愛 忍 苦 (이위애인고)

貪 欲 着 世 間 (탐욕착세간)

憂 患 日 夜 長 (우환일야장)

筵 如 蔓 草 生 (연여만초생)

『장자』〈잡편〉에 보면 "생을 존중하는 사람은 비록 부귀해도 살기 위해 몸을 상하는 일이 없고 비록 빈천해도 사리를 위해 몸에 누를 끼치는 일이 없다. 그런데 요즈음 세상 사람들은 고관대작에 있으면 그 지위를 잃을까 걱정하고, 이권을 보면 경솔히 날뛰어 몸을 망치고 있다."라는 말이 나옵니다.

"중생이 생사에 윤회함은 탐욕에 애착하고 있기 때문이다."라는 부처님의 말씀처럼 욕망은 일체 재앙의 근본이 됩니다. 하지만 이 욕망의 뿌리가 얼마나 깊고 튼튼한지 보통의 노력으로는 감히 뿌리칠 용기조차 내기 어려운 것이 사실입니다.

예나 지금이나 이 욕망으로 인해 패가망신한 사례는 헤아리기 어려울 정도입니다. 부처님께서도 6년간 갖은 고행정진 끝에 보리수 아래에서 성도하실 때 마지막으로 마왕 파순으로부터 갖가지 방해를 받았습니다.

마왕 파순으로부터 받은 방해는 욕망에 대한 유혹이었으며, 그 유혹은 부처님 자신의 내면으로부터의 유혹이기도 했습니다. 하지만 그러한 유혹의 관문을 관통함으로써 영원한 생명을 얻으셨습니다. 살아가면서 닥쳐오는 갖가지 유혹을 이겨낸 후의 즐거움을 가히 무엇에 비교할 수 있겠습니까?

불교를 흔히 수행의 종교라 합니다. 수행한다는 것은 모든 것을 참아가며 참사람이 되는 것을 말합니다. 즉 참는다는 것은 탐내는 마음과 성내는 마음을 자제하는 것을 말하며, 탐내는 마음을 잘 참기 위해서는 자신의 마음을 잘 이해하고 지켜보는 것이 필요하고, 성내는 마음을 잘 참기 위해서는 자신을 화나게 하는 사물이나 조건 혹은 상대방을 잘 이해하는 것이 필요합니다.

以	爲	愛	忍	苦	貪	慾	着	世	間
써 이	할 위	사랑 애	참을 인	쓸 고	탐할 탐	하고자 할 욕	붙을 착	인간 세	틈 간

憂	患	日	夜	長	筵	如	蔓	草	生
근심할 우	근심 환	날 일	밤 야	길 장	대자리 연	같을 여	덩굴 만	풀 초	날 생

제 2 장

입은 사람을 상하게 하는 도끼,
말은 혀를 베는 칼이다

검도의 고수는 파를 썰지 않는다

잠 못 이루는 사람에게 밤은 길고
지쳐 있는 나그네에게는 지척도 천 리
바른 진리를 깨닫지 못하는 자에게는
윤회의 밤길이 아득하여라.

不 寐 夜 長 (불매야장)

疲 倦 道 長 (피권도장)

愚 生 死 長 (우생사장)

莫 知 正 法 (막지정법)

이는 참 심오한 경구입니다. 앞에는 아득한 밤길만 하염없이 펼쳐져
있습니다. 엉뚱한 유머로 생각을 뒤집으며 정리해봅니다. 옛날 군대
에서 있을 법한 에피소드입니다.

어느 날 고참이 대원들을 소집시켰습니다.
김병장 : 야! 여기 피아노 전공한 놈 있어?　　박이병 : 네, 접니다.
김병장 : 그래. 너 어느 대학 나왔는데?　　박이병 : K대 나왔습니다.
김병장 : 그것도 대학이냐? 다른 놈 없어?
조이병 : 저는 Y대에서 피아노 전공했습니다.
김병장 : Y대? S대 없어, S대?　　전이병 : 제가 S대입니다.
김병장 : 그래? 지금 바로 사단장님 관사로 가서 피아노 좀 옮겨라.

고참이 다시 대원들을 불러 모았습니다.

김병장 : 여기 미술 전공한 놈 나와!

김일병 : 네, 제가 미술 전공입니다.

김병장 : 어느 대학인데?　　　　김일병 : Y대 디자인과입니다.

김병장 : 그것도 대학이냐?　　　　고일병 : 제가 H미대 출신입니다.

김병장 : 오, 좋아, 족구하게 줄 좀 그어라.

그날 저녁에.

김병장 : 여기 검도한 놈 누구야?

강이병 : 제가 사회에 있을 때 검도 좀 했습니다.

김병장 : 몇 단인데?　　　　강이병 : 2단입니다.

김병장 : 2단도 검도냐? 다른 애 없어?

이일병 : 네, 제가 검도 좀 오래 배웠습니다.

김병장 : 몇 단인데?　　　　이일병 : 5단입니다.

김병장 : 그래? 내일 아침 취사장에 가서 파 좀 썰어라.

깜냥과 용도를 아는 것, 그것이 깨달음입니다.

不	寐	夜	長	疲	倦	道	長
아니 불	잠잘 매	밤 야	길 장	피곤할 피	게으를 권	길 도	길 장

愚	生	死	長	莫	知	正	法
어리석을 우	날 생	죽을 사	길 장	없을 막	알 지	바를 정	법 법

좋은 사람, 착한 사람, 배울 게 있는 사람을
만나기에도 인생의 시간은 짧다

자기보다 낫거나 같은 사람을

길을 걸어가며 만날 수 없다면

차라리 홀로 걸어 자기를 지켜라.

어리석은 자와는 벗이 되지 말지니.

學 無 朋 類 (학무붕류)

不 得 善 友 (부득선우)

寧 獨 守 善 (영독수선)

不 與 愚 偕 (불여우해)

모든 사람은 저마다의 가슴에 길 하나를 내고 있습니다. 그 길은 자기에게 주어진 길이 아니라 자기가 만드는 길입니다. 사시사철 꽃길을 걷는 사람이 있는가 하면 평생 동안 투덜투덜 돌짝길을 걷는 사람도 있습니다.

　나는 꽃길을 걷는 사람이 될 것입니다. 내게도 시련이 있을 수 있다는 생각으로 늘 준비하며 사는 사람이 되겠습니다. 시련이 오면 고통과 맞서 정면으로 통과하는 사람이 되겠습니다. 시련이 오면 고통을 받아들이고 조용히 반성하며 기다리는 사람이 되겠습니다. 시련이 오면 약한 모습 그대로 보이고도 부드럽게 일어나는 사람이 되겠습니다. 시련이 오면 고통을 통하여 마음에 자비와 사랑을 쌓는 사람이 되겠습니다. 시련이 오면 다른 사람에게 잘못한 점을 찾아 반성하는 사람이 되겠습니다. 시련이 오면 고통 가운데서도 마음의 문을 여는 사람이 되겠습니다. 시련이 지나간 뒤 고통의 시간을 감사로 되새기는 사람이 되겠습니다. 산다는 것은 신나는 일입니다. 남을 위해 산다는 것은 더욱 신나는 일입니다. 내 삶을 나눔으로써 다른 사람에게 용기와 지혜를 줍니다.

어느 한 가지 기쁨과 안타까움이 다른 이에게는 더할 수 없는 깨달음이 되어 삶을 풍요롭게 하기도 합니다. 동행의 기쁨, 끝없는 사랑, 이해와 성숙, 인내와 기다림은 행복입니다. 사랑하고 용서하는 일이 얼마나 좋은 일인지 나는 분명히 느낄 것입니다.

이런 생각을 가슴에 품고, 은은하게 실천하면 우리 주변에는 좋은 벗들이 수북하게 다가와 있을 것입니다.

學	無	朋	類	不	得	善	友
배울 학	없을 무	벗 붕	무리 류	아닐 부	얻을 득	착할 선	벗 우

寧	獨	守	善	不	與	愚	偕
편안할 영	홀로 독	지킬 수	착할 선	아닐 불	더불어 여	어리석을 우	함께 해

자식, 재물은 나를 위한 도구가 아니라
세상을 위한 도구이다

'내 자식이다, 내 재산이다' 하며
어리석은 사람은 괴로워한다.
내 몸 또한 내 것이 아니거늘
어찌 자식과 재물을 근심하는가.

有 子 有 財 (유자유재)

愚 惟 汲 汲 (우유급급)

我 且 非 我 (아차비아)

何 憂 子 財 (하우자재)

'가지 많은 나무 바람 잘 날 없다.' 부모들의 자식 걱정에서 나온 말
로 '무자식상팔자(無子息上八字)'라는 말도 있지요.

'무자식상팔자'라는 말이 나온 배경은 이렇습니다. 요(堯) 임금은
중국 최초의 천자로 임금 자리를 아들에게 물려주는 것이 당연한데
아들에게 물려주지 않고 신하인 순(舜)에게 선위했으니 뒷날 제자백
가들에게 논란의 소지를 만들어 준 것 같습니다.

요 임금이 재위한 지 70년이 되어 황제 자리를 물려줄 사람을 천거
해 달라고 하자 신하들이 마땅히 큰 아들인 단주(丹朱)를 천거했으나
단주는 어리석고 다투기를 좋아하니 안 된다 하여 효자로 알려진 신

하 순을 추천하니 두 딸을 순에게 시집보내 지켜보고 나서 선위하셨지요.

맹자는 제자들이 요 임금이 아들에게 황제 자리를 물려주지 않은 것에 대해 의심하자 전통 유가의 입장에서 말씀하시기를, 하늘은 어진 자에게 물려줄 만하면 어진 자에게, 아들에게 물려줄 만하면 아들에게 물려주신다 했습니다. 요 임금의 아들인 단주가 불초하여 백성들의 마음을 얻지 못했기 때문에 하늘의 뜻에 따라 순에게 물려주셨다는 것입니다.

요 임금도 아들에 대한 사랑이 왜 없었겠습니까. 아들이 못나고 망나니 노릇만 하니 물려주면 나라를 망칠 것이 뻔한데 요 임금 같은 성인께서 그런 짓은 할 수 없었겠지요. 요 임금의 아들인 단주는 게을러 놀기만 좋아하고 오만하고 잔악한 짓을 서슴 없이 했습니다. 또한 밤낮없이 소란을 피웠고 물이 없는 곳에서 배를 밀고 다녔으며 떼거리로 집안에서 음란한 짓을 했다고 합니다.

자식이나 재물은 세상에 던져진 독립된 존재입니다. 내 욕심을 채워주는 도구가 아니라 사회에 기여해야 할 생물입니다. 내가 그들 때문에 괴로워할 이유가 없습니다.

有	子	有	財	愚	惟	汲	汲
있을 유	아들 자	있을 유	재물 재	어리석을 우	생각할 유	급할 급	급할 급

我	且	非	我	何	憂	子	財
나 아	또 차	아닐 비	나 아	어찌 하	근심할 우	아들 자	재물 재

작은 것을 탐하면 큰 것을 잃는 법

어리석은 사람은 한평생 다하도록
지혜로운 이와 오랫동안 친하고 가까이 해도
참다운 진리를 알지 못한다.
마치 국자가 국 맛을 모르는 것처럼.

愚人盡形壽 (우인진형수)

承事明知人 (승사명지인)

亦不知眞法 (역부지진법)

如杓斟酌食 (여표짐작식)

부처님께서 사밧티(사위성 舍衛城)에 계실 때였습니다. 성 안에 나이 여
든이나 되는 바라문이 살고 있었습니다. 그는 부유하나 완고하고 몹
시 인색하고 탐욕스러웠습니다. 그는 특히 집짓기를 좋아했습니다.
앞에는 사랑채, 뒤에는 별당, 동서로 이어진 수십 간의 회랑이 있었
습니다. 아직 별당은 완공하지 못했습니다. 그는 품삯이 아까워 직접
일을 하며 지휘 감독했습니다.

　부처님은 그 늙은 바라문이 그날 해를 넘기기 전에 죽을 것을 알았
습니다. 그런 줄도 모르고 노인은 이 일 저 일 챙기느라고 정신없이
돌아다녔습니다. 부처님은 그를 가엾이 생각하고 위로하기 위해 아
난다를 데리고 그 집을 찾아갔습니다.

"얼마나 수고가 많으십니까? 집을 이렇게 거창하게 지어 누가 살려고 그러지요?"

노인은 자랑스럽게 대답했습니다. "앞 사랑채에서는 손님을 접대하고 뒤 별당에서는 내가 거처하고 저쪽 집은 자식들이 살고 이쪽 집에는 하인들이 거처하고, 또 저 창고에는 재물을 간직해둘 것입니다."

부처님은 말씀하셨습니다. "생사에 관계된 일이라 말씀드리고 싶은데, 잠시 일손을 쉬고 나와 이야기를 좀 나누실까요?"

늙은 바라문은 손사래를 치며 대답했습니다.

"지금 너무 바빠서 앉아 이야기할 겨를이 없소이다. 다음에 만나서 듣도록 합시다."

부처님이 그 집을 나온 후 노인은 서까래를 올리다가 머리를 크게 다쳐 그 자리에서 목숨을 잃었습니다. 부처님은 마을 동구에서 여러 사람의 바라문을 만났습니다. 그들은 다가와 부처님께 인사를 하며,

"어디 다녀오시는 길입니까?" 하고 물었습니다.

"방금 죽은 노인 집에 가서 그를 위해 설법하려고 했으나 그는 바쁘다는 핑계로 다음으로 미루었소. 세상 일의 덧없음을 알지 못한 채 지금 막 저승으로 갔소." 하시며 부처님은 위와 같은 게송을 읊으셨습니다.

愚	人	盡	形	壽	承	事	明	知	人
어리석을 우	사람 인	다 될 진	모양 형	목숨 수	받들 승	섬길 사	밝을 명	알 지	사람 인

亦	不	知	眞	法	如	杓	斟	酌	食
또 역	아닐 부	알 지	참 진	법 법	같을 여	자루 표	술 따를 짐	따를 작	밥 식

지식과 정보는 넘치는데, 지혜는 어디에?

지혜로운 사람은 잠깐이라도

어진 사람을 가까이 섬기면

참다운 법을 바로 안다.

혀가 국 맛을 아는 것처럼.

智 者 須 臾 間 (지자수유간)

承 事 賢 聖 人 (승사현성인)

一 一 知 眞 法 (일일지진법)

如 舌 了 衆 味 (여설료중미)

임진왜란의 영웅, 불멸의 이순신은 무장으로서의 자질이 뛰어나기만 해서 연전연승한 것은 아닙니다. 그는 지장(智將)이요, 덕장(德將)이요, 선지식(善知識)이었습니다. 이순신이 바다를 장악할 수 있었던 여러 요인 가운데 아주 중요한 자료가 있습니다. 조선 후기 학자 성대중(成大中 : 1732~1812)이 쓴 『청성잡기(靑城雜記)』입니다.

"이순신이 처음 호남 좌수사에 제수되었을 때 곧 왜적이 침입한다는 경보가 전해졌다. 왜적을 막는 것은 바다에 달렸으나 공은 그때까지 바다를 방비하는 중요한 부분을 알지 못했다. 그래서 공은 날마다 포구의 남녀 백성들을 좌수영 뜰에 모아놓고 짚신도 삼고 길쌈도 하는 등 하고 싶은 대로 하게 하면서 밤만 되면 술과 음식을 대접했다.

공은 평복 차림으로 그들과 격의 없이 즐기면서 대화를 유도했다."

그래서 이순신은 바다 구석구석의 소용돌이치는 곳이라든지, 암초 등에 대해 백성들에게 들어서 소상히 알게 되었으며, 또 그것을 몸소 나가서 살펴보기도 했습니다. 그런 까닭으로 그곳 바다를 모르는 왜군을 맞아 완벽하게 승리할 수 있었던 것입니다. 그 뒤 조선 후기 학자 송시열은 그의 손님에게 이순신의 행적을 말하면서 "장수만 그래야 하는 것이 아니라 재상 역시 그처럼 해야 한다."라고 말했습니다. 이순신이 무지랭이 백성들의 말에 귀를 기울인 것은 이 시대에도 소중한 이야기입니다.

지식과 정보가 넘치는 세상입니다. 그래서 지금은 Know How(무엇을 어떻게?)의 시대가 아니라 Know Where(무엇이 어디에?)의 시대입니다. 지혜가 없는 지식은 쓸모 없습니다. 지혜는 딱히 석사, 박사에게서 나오는 것이 아닙니다. 이순신의 승리는 일자무식 백성들에게 얻은 지혜의 산물입니다. 지혜는 곳곳에 있습니다. 어디에 있는지 모를 뿐입니다. 문밖을 나서면 산천초목, 우수마발(牛溲馬勃)이 모두 지혜의 스승입니다.

智	者	須	臾	間	承	事	賢	聖	人
슬기 지	사람 자	모름지기 수	잠깐 유	틈 간	받들 승	섬길 사	어질 현	성스러울 성	사람 인

一	一	知	眞	法	如	舌	了	衆	味
한 일	한 일	알 지	참 진	법 법	같을 여	혀 설	마칠 료	무리 중	맛 미

내게 필요하지만,
남겨둘 줄 아는 사람이 되어라

어리석고 지혜 없는 사람은
자신에 대해서 원수처럼 행동한다.
욕심을 따라 악한 업을 지어
스스로 고통의 결과를 얻는다.

愚 人 施 行 (우인시행)
爲 身 招 患 (위신초환)
快 心 作 惡 (쾌심작악)
自 致 重 殃 (자치중앙)

늦가을, 감나무 가지 끝에 매달린 두어 개의 홍시. 그걸 까치밥이라
고 하지요. 시골 풍경을 풍요롭게 하는 작은 소품입니다. 까치가 파
먹으라고 감을 추수하면서 남겨둔 보살행이지요. 내게 필요하지만,
내가 가진 것을 다 써버리지 않고 여분의 것을 끝까지 남겨둘 줄 아
는 사람이 됩시다.

말을 남겨두고 그리움을 남겨두고, 사랑도 남겨두고 정도 남겨두
고, 물질도 남겨두고 건강도 남겨두면서 다음을 기약하는 사람이 현
명한 사람입니다.

말을 다 해버리면 다음에는 공허가 찾아오고 마음을 모두 주어 버

리면 뒤를 따라 허탈감이 밀려옵니다. 사랑을 다 해버리고 나면 다음에는 아픔이 많아 울게 되고 가진 것을 다 써버리면 불안해지고 그리움이 너무 깊으면 몸져 눕게 되고 젊음과 건강을 유혹 속에 다 써버리면 나중에 크게 후회하게 됩니다.

어떤 이들은 불타는 사랑이 아름답다고 말하지만 조금씩 조금씩 서로를 알아가고 날마다 더욱 사랑해가는 모습이 더 아름답습니다. 마음의 정도 다음 사람을 위하여 남겨두는 것이 좋고 기쁨도 슬픔도 다 내보이지 말고 얼마라도 감추어 두면 더 아름다울 것입니다.

사랑은 누구나 할 수 있지만 오래 참고 인내하는 사랑은 누구나 할 수 없는 사랑이기 때문입니다. 오랜 기다림 뒤에 만나는 사람이 참으로 반가운 사람이고 오래 가는 사랑이 귀한 사랑입니다.

愚	人	施	行	爲	身	招	患
어리석을 우	사람 인	베풀 시	갈 행	할 위	몸 신	부를 초	근심 환

快	心	作	惡	自	致	重	殃
쾌할 쾌	마음 심	지을 작	악할 악	스스로 자	보낼 치	무거울 중	재앙 앙

입은 사람을 상하게 하는 도끼,
말은 혀를 베는 칼이다

나쁜 일은 서슴없이 저지르고는
죄 갚음을 받고 물러나 뉘우치며
안타까워 후회하며 슬퍼하나니
그 갚음은 어디서 온 것인가.

行 爲 不 善 (행위불선)

退 見 悔 悋 (퇴견회린)

致 涕 流 面 (치체류면)

報 由 熟 習 (보유숙습)

사람은 늙어가는 것이 아닙니다. 좋은 포도주처럼 세월이 가면서 익어가는 것입니다. 인생에 있어 가장 중요한 것은 실패했다고 낙심하지 않는 것이며, 성공했다고 지나친 기쁨에 도취되지 않는 것입니다.

상대방에게 한 번 속았을 땐 그 사람을 탓하세요. 그러나 그 사람에게 두 번 속았거든 자신을 탓하십시오. 입은 사람을 상하게 하는 도끼이고 말은 혀를 베는 칼입니다. 그러므로 입을 막고 혀를 깊이 감추면 몸이 어느 곳에 있어도 편안할 것입니다.

우리는 일 년 후면 다 잊어버릴 슬픔을 간직하느라고 무엇과도 바꿀 수 없는 소중한 시간을 버리고 있습니다. 소심하게 굴기에 인생은 너무나 짧습니다. 생각에 따라 극락과 지옥이 생기는 법입니다. 극락과 지옥은 천상이나 지하에 있는 것이 아니라, 바로 우리의 삶 속에 있습니다.

세상에는 약하지만 강한 것을 두렵게 하는 것이 있습니다.

모기는 사자에게 두려움을 줍니다.

거머리는 물소에게 두려움을 줍니다.

파리는 전갈에게 두려움을 줍니다.

거미는 매에게 두려움을 줍니다.

아무리 크고 힘이 강하더라도 반드시 무서운 존재라고는 할 수 없습니다. 힘이 약하더라도 어떤 조건만 갖추어져 있다면 강한 것을 이길 수 있습니다. 재능이란 자기 자신을 믿는 것이고 자기의 힘을 믿는 것입니다. 비교는 친구를 적으로 만듭니다. 자식에게 물고기를 잡아 먹이지 말고 물고기 잡는 방법을 가르쳐 줍시다. 햇빛은 하나의 초점에 모아질 때만 불꽃을 피우는 법입니다. 실패는 고통스럽습니다. 그러나 최선을 다하지 못했음을 깨닫는 것은 몇 배 더 고통스럽습니다. 훌륭한 인간의 두드러진 특징은 쓰라린 환경을 이겼다는 것입니다. 잘못을 참회할 때, 늦었다고 생각할 때가 어쩌면 가장 빠른 때인지도 모릅니다.

行	爲	不	善	退	見	悔	悋
갈 행	할 위	아닐 불	착할 선	물러날 퇴	볼 견	뉘우칠 회	아낄 린

致	涕	流	面	報	由	熟	習
보낼 치	눈물 체	흐를 류	낯 면	갚을 보	말미암을 유	익을 숙	익힐 습

'고맙다'는 한마디가 공덕 쌓기이다

공덕의 선한 행을 스스로 행하면
나아가 기뻐하고 즐거워하면서
저절로 다가오는 복을 누리나니
그 갚음은 어디서 온 것인가.

行 爲 德 善 (행위덕선)
進 覩 歡 喜 (진도환희)
應 來 受 福 (응래수복)
喜 笑 悅 習 (희소열습)

공덕 쌓는 일, 선행은 거창한 일이 아닙니다. 세상을 휘저어 지옥을 극락으로 만들고 시궁창을 꽃동산으로 만드는 것이 공덕이 아닙니다. 가까이 있는 이웃에게, 내 손길 닿는 누군가에게 '고맙다'라고 한 번 말해주는 것이 공덕 쌓는 일입니다. 어느 배달 청년의 편지가 가슴에 와닿습니다.

"'고맙다'라고 한 번만 해주세요. 그게 얼마나 기운 나는지 모릅니다. 저는 현재 배달 일을 하고 있습니다. 눈이 펑펑 오던 날도 비상등 켜가면서, 자빠져가면서 배달다녔구요, 설 연휴에 다들 가족 친지들이랑 모여 피자 시켜드실 때 저는 그 피자 배달하고 다녔습니다. 힘들게 배달한다고 생색내고 투정부리는 게 아니라 배달하는 사람들 우습게 보지 말고, 다만 "수고했어요." 이런 말 한마디만이라도 건네주세요. 짜증난 얼굴로 나와서 반말로 돈 툭 던져주는 분들도 있는데, 우리는 막말로 목숨 내놓고 배달하러 갑니다. 죽을 뻔한 적도 한두 번이 아닙니다. 폭주 뛰냐구요? 아닙니다. 무서워서 방어운전해도 그럽니다. 음식 식으면 안 되니까요. 빨리빨리 갖다달라고 전화로 독촉하는 손님도 있고, 배달은 밀려 있고, 달리다 넘어지고……. 사고 나면 제일 먼저 하는 일이 뭔 줄 아세요? 119에 전화? 아닙니다. 가게에 전화해서 "음식 엎었다, 손님께 전화 드리고 빨리 음식 다시 만들어놔달라."라고 하는 겁니다. 가끔 열 받게 하는 손님들한테는 화내고도 싶지만 한낱 알바생이 어찌 그러겠습니까. 그래도 가끔은 "오는 데 춥지 않았냐, 고맙다, 조심해서 잘 가라." 하며 인사해주시는 분들이 있어 얼마나 고마운지 모릅니다. 주소 못 찾으면 어쩌나, 나갈 때마다 걱정하고, 언제 사고날지 몰라서 마음 졸이면서 다닙니다. 배달원들 오면 고마운 마음으로 받아주세요. 부탁드립니다."

'고맙다'는 한마디가 세상을 살맛나게 하는 위력입니다. 공덕 쌓기입니다. 잊지 맙시다.

行	爲	德	善	進	覩	歡	喜
갈 행	할 위	덕 덕	착할 선	나아갈 진	볼 도	기뻐할 환	기쁠 희

應	來	受	福	喜	笑	悅	習
응할 응	올 래	받을 수	복 복	기쁠 희	웃을 소	기쁠 열	익힐 습

죄는 은밀한 기쁨으로부터 시작된다

죄를 지어도 죄의 업이 익기 전에는
어리석은 사람은 그것을 꿀 같이 여기다가
죄가 한창 무르익은 후에야
비로소 큰 재앙을 받는다.

過 罪 未 熟 (과죄미숙)
愚 以 怡 淡 (우이이담)
至 其 熟 時 (지기숙시)
自 受 大 罪 (자수대죄)

나쁜 행위가 아직 무르익기 전에는 '아, 꿀과 같이 달콤하다'고 생각
합니다. 그러나 일단 그 나쁜 행위가 무르익게 되면 어리석은 이는
이제 그 쓰디쓴 고통을 맛보지 않으면 안 됩니다.

자기의 죄악을 숨기기 위해 거짓을 꾸미고, 자기의 주장을 세우기
위해 억지를 부리게 됩니다. 하나의 죄 위에 또다른 죄를 더하는 것
입니다. 본래의 자아는 이미 질식하여 사라지고 죄의 얼굴을 한 자아
가 요동을 치게 됩니다. 묘하게도 죄는 은밀한 기쁨으로부터 시작됩
니다.

그러나 그 기쁨은 오래가지 않습니다. 은폐하려고 애쓸수록 기쁨
은 어디 가고 고통이 여기저기서 불쑥불쑥 솟구칩니다. 결국 자신과

의 싸움으로 극복하는 수밖에 없습니다. 싸움에서 이겨야 재앙을 피할 수 있겠지요. 다음과 같은 것들과 처절하게 싸워 이깁시다.

1. 자기 자신의 번뇌 망상과 싸워라.
2. 세상의 유혹과 싸워라.
3. 게으름과 싸워라.
4. 열등의식과 싸워라.
5. 자신이 생각하는 불행과 싸워라.
6. 자신을 괴롭히는 병과 싸워라.
7. 물질을 낭비하는 습관과 싸워라.
8. 편안하고자 하는 욕망과 싸워라.
9. 소극적인 성격과 싸워라.
10. 남에게 의지하려는 마음과 싸워라.

過	罪	未	熟	愚	以	怡	淡
지날 과	허물 죄	아닐 미	익을 숙	어리석을 우	써 이	기쁠 이	묽을 담

至	其	熟	時	自	受	大	罪
이를 지	그 기	익을 숙	때 시	스스로 자	받을 수	큰 대	허물 죄

행복이 언젠가 소멸될 것을 알아
더 많은 복을 지어라

새로 짠 우유가 상하지 않듯
재에 덮인 불씨가 그대로 있듯
지어진 업은 당장에는 안 보이나
그늘에 있어도 언제나 그를 따른다.

惡 不 卽 時 (악불즉시)
如 穀 牛 乳 (여곡우유)
罪 在 陰 伺 (죄재음사)
如 灰 覆 火 (여회복화)

물 속에는 / 물만 있는 것이 아니다.
하늘에는 / 그 하늘만 있는 것이 아니다
그리고 내 안에는 / 나만이 있는 것이 아니다
내 안에 있는 이여 / 내 안에서 나를 흔드는 이여
물처럼 하늘처럼 / 내 깊은 곳 흘러서
은밀한 / 내 꿈과 만나는 이여
그대가 / 곁에 있어도
나는 / 그대가 그립다.

—류시화

업보를 생각하다가 엉뚱하게도 류시화 시인의 시가 생각납니다. 준엄한 업보에서 나긋나긋, 말랑말랑한 연애시를 연상하다니? 사실 사랑도 업보가 따르는 고통이지요.

인생사에서 아무리 작은 악업을 짓더라도 그 업보는 한 치의 오차도 없이 나를 불태웁니다. 작은 악업의 결과가 미미하거나 눈에 보이지 않다 보니 당장에는 비켜갔으리라고 안심할지 모르지만 방울 물이 모여 항아리를 채우듯 그러한 작은 악이 모여 언젠가는 큰 재앙으로 옵니다.

지금 몸이 건강하다고, 지금 경제적으로 안정되어 있다고, 지금 집안이 화목하다고, 지금 나의 행복이 충분하다고, 현재에 안주하여 작은 선을 실천하지 않는다면 훗날 내 삶에 어떤 일이 일어날지 누가 알겠습니까. 막상 역경과 고난에 처했을 때, 그때 대비하려면 이미 늦습니다. 행복할 때, 만족스러울 때 더욱 조심하여 이 행복이 언젠가 소멸될 것을 알아 더 많은 복을 지을 일입니다.

惡	不	卽	時	如	穀	牛	乳
악할 악	아닐 불	곧 즉	때 시	같을 여	곡식 곡	소 우	젖 유

罪	在	陰	伺	如	灰	覆	火
허물 죄	있을 재	응달 음	엿볼 사	같을 여	재 회	뒤집힐 복	불 화

어리석은 사람은 온갖 잔머리를 굴려도
칼과 몽둥이를 불러들인다

어리석은 사람은 온갖 잔머리를 굴려도
끝내 아무런 이익을 얻지 못하고
하는 짓마다 칼이나 몽둥이를 불러들여
그 갚음으로 반드시 해를 입는다.

愚 生 念 慮 (우생염려)
至 終 無 利 (지종무리)
自 招 刀 杖 (자초도장)
報 有 印 章 (보유인장)

일이 어려워지거든 초심으로 돌아갑시다. 하는 일이 궁색하고 형세가 기울어진 사람은 초심으로 되돌아가야 하고, 학문의 일가를 원만히 이룬 학자는 인생의 끝을 내다보고 생각해야 합니다.

사업을 하다가 실패하여 막다른 길에 몰리고 형세마저 어렵게 되면 그 일에 연연하여 오히려 더 좋지 않은 일을 겪는 것이 다반사입니다. 이럴 때는 처음 그 일을 시작했을 때의 초심으로 돌아가 마음을 다시 잡아 계획을 세워야 합니다.

초나라 때 해하(海河)에서 유방에게 패했던 항우가 오강을 건너 자신의 고향으로 돌아가 권토중래를 기약했으면 모든 영토가 유방과 항우 둘 중 누구의 것이 되었는지 모를 일이었습니다.

그러나 항우는 한때의 패배를 스스로 이겨내지 못하고 그만 자결을 하고 말아 천추의 한을 남겼습니다. 이는 항우가 막다른 길에 몰렸을 때 초심으로 돌아가지 못하고 더욱 깊이 절망한 까닭입니다.

즐거울 때가 있으면 슬플 때가 있는 법입니다. 이것은 버릴 수 없는 하나의 이치입니다.

또한 업적을 이룬 사람은 미래를 앞에 두고 항상 자신을 다스려야 합니다. 한고조 유방의 신하인 한신이 각지를 정벌하여 제국을 세우는 공을 세웠으나 여태후에게 목숨을 잃었으니 이 또한 자신의 미래를 잘 살피지 못한 결과입니다. 그는 병법의 대가였지만 말년을 소홀히 했던 것입니다. 영화는 오래가지 않습니다. 항상 지키기 위해 노력하는 사람만이 오래 영화를 누리는 법입니다. 어리석음과 지혜는 동전의 양면에 불과합니다.

愚	生	念	慮	至	終	無	利
어리석을 우	날 생	생각할 염	생각할 려	이를 지	끝날 종	없을 무	이로울 리

自	招	刀	杖	報	有	印	章
스스로 자	부를 초	칼 도	지팡이 장	갚을 보	있을 유	도장 인	글 장

좋은 음식 먹이고 사랑하여 길러도
이 몸은 반드시 허물어질 것이며,
비단옷으로 보호해도
목숨은 반드시 끝날 때가 있다

어리석은 사람은 이익을 탐하고
부질없는 존경이나 이름을 구하며
조직 안에서는 권력을 다투고
남의 집에 가서는 돈과 먹을 것을 바란다.

愚 人 貪 利 養 (우인탐리양)
求 望 名 譽 稱 (구망명예칭)
在 家 自 興 嫉 (재가자흥질)
常 求 他 供 養 (상구타공양)

세상에는 뻔뻔스러운 사람들이 적지 않습니다. 잘못을 저지르고도
도무지 부끄러워하거나 참회할 줄 모릅니다. 오히려 잘못을 즐기고
잘한 짓인 양 착각합니다.

교만과 탐욕으로 찌들고 물든 사람도 있습니다. 자기 홀로 깨끗하
고 잘못이 없다고 자기보다 못한 사람들을 무시하고 억누르며 비방
하는 사람, 많은 책을 읽고 두루 공부했지만 자신이 아는 것을 자랑
삼아 내세우는 사람이 있습니다.

정치가 허무주의, 희화화에 빠지는 것을 경계해야 합니다. 어쩌면 이것은 정치가들이 바라는 바일지도 모릅니다. 주권을 가진 이들이 주권을 포기하고 냉소하면 정치가들은 얼쑤 좋다 하고 그들만의 잔치를 벌일 것입니다. 주머닛돈과 쌈짓돈을 구별하지 않고 호기를 부릴 것입니다.

성공한 기업인이 유력 정치인에게 새 승용차를 선물하려고 했습니다. 그러자 이 정치인은 "승용차는 뇌물이니 받아서는 안 됩니다."라고 사양했습니다. 그러자 기업인은, 그렇다면 돈을 내고 사면 될 게 아니냐면서 10만원을 내라고 했습니다. 그러자 정치인이 말했습니다. "그렇다면 두 대를 삽시다!"

세상에는 참으로 훌륭한 사람도 많습니다. 많은 사람들에게 기쁨과 이익을 가져다주는 사람, 명예와 이익을 쫓지 아니하고 세속적인 일을 버리고 마음을 닦아 행동을 맑고 깨끗이 하는 사람이 그들입니다.

愚　人　貪　利　養　　　求　望　名　譽　稱
어리석을 우　사람 인　탐할 탐　이로울 리　기를 양　　　구할 구　바랄 망　이름 명　기릴 예　일컬을 칭

在　家　自　興　嫉　　　常　求　他　供　養
있을 재　집 가　스스로 자　일어날 흥　시기할 질　　　항상 상　구할 구　다를 타　이바지할 공　기를 양

우리는
천상천하 유아독존(天上天下 唯我獨尊)이다

모든 것은 나를 위해 생긴 것이라고,

모든 것은 내 뜻대로 될 수 있다고,

새가자나 출가자나 모두 같은 생각이다.

그러나 이것은 바른 생각 아니거니

어리석은 사람은 이렇게 생각하여

욕망과 교만이 점점 늘어만 간다.

勿 猗 此 養 爲 家 捨 罪 (물의차양 위가사죄)

此 非 至 意 用 用 何 益 (차비지의 용용하익)

愚 爲 愚 計 想 欲 慢 日 用 增 (우위우계상 욕만일용증)

석가모니는 어머니 뱃속에서 나오자마자 일곱 발자국을 걸어가 "천상천하 유아독존(天上天下 唯我獨尊)"이라고 게(偈)를 외쳤다고 합니다. 이 우주만물 중에서 내가 가장 존엄한 존재라는 뜻인데, 이것은 인간의 존귀한 실존성을 상징하는 말이며, 부처님의 탄생이 속세로부터 성스러운 세계로의 초탈임을 상징하는 표현이라고 할 수 있습니다.

그러나 이 말은 간혹 "천하에 나만큼 잘난 사람은 없다."고 자부하거나 그런 아집을 가진 사람을 일컫는 말로 왜곡되기도 합니다.

하늘 위나 하늘 아래 홀로 높다는 말은 오직 부처님만의 독존이 아니라 일체 중생이 독존임을 뜻합니다. 일체 중생은 부처님과 같은 성품을 가지고 있기 때문에 모든 인간은 실로 존엄한 존재이며 평등한 존재임을 뜻합니다.

이 평등사상은 부처님 당시 인도 사회의 엄격한 계급제도를 타파하고 인간의 자유의사를 구가하는 데 중요한 역할을 했으니 부처님의 사상은 어디까지나 평등사상입니다. 이러한 사상이 일체 중생에게 평화와 행복의 길을 가르친 자비사상의 근본이 되는 것입니다.

교만이 아닌 독존(獨尊)의식, 생각만 해도 뿌듯하고 자신만만해집니다.

勿	猗	此	養	爲	家	捨	罪
말 물	아름다울 의	이 차	기를 양	할 위	집 가	버릴 사	허물 죄

此	非	至	意	用	用	何	益
이 차	아닐 비	이를 지	뜻 의	쓸 용	쓸 용	어찌 하	더할 익

愚	爲	愚	計	想	欲	慢	日	用	增
어리석을 우	할 위	어리석을 우	꾀 계	생각할 상	하고자 할 욕	게으를 만	날 일	쓸 용	불을 증

여기 두 길이 있다. 당신의 선택은?

여기 두 길이 있으니
하나는 이익을 추구하는 길이요,
다른 하나는 대자유에 이르는 길이다.
참수행자들은 이 이치를 깨달아
남의 존경을 기뻐하지 마라.
오직 외로운 길 가기에 전념하라.

異 哉 夫 利 養 泥 洹 趣 不 同 (이재부리양 이원취부동)
能 第 是 知 者 比 丘 眞 仏 子 (능제시지자 비구진불자)
不 樂 着 利 養 閑 居 却 亂 意 (불락착리양 한거각란의)

집안이 나쁘다고 탓하지 마라. 나는 아홉 살 때 아버지를 잃고 마을
에서 쫓겨났다. 가난하다고 말하지 마라. 나는 들쥐를 잡아먹으며 연
명했고 목숨을 건 전쟁이 내 직업이고 일이었다.

작은 나라에 태어났다고 말하지 마라. 어릴 때는 그림자 말고는 친
구도 없었고, 병사 10만 명으로 유럽까지 정복했을 때 우리 백성은
어린애와 노인까지 합쳐 200만 명도 되지 않았다.

배운 것 없다고, 힘이 없다고 탓하지 마라. 나는 내 이름도 쓸 줄
몰랐으나 남의 말에 귀 기울이면서 현명해지는 방법을 배웠다.

너무 막막하다고, 그래서 포기해야겠다고 말하지 마라. 나는 목에

칼을 쓰고도 옥에서 탈출했고 뺨에 화살을 맞아 죽을 뻔하다가 살아나기도 했다. 적은 밖에 있는 것이 아니라 내 안에 있었다. 나는 내안에 있는 거추장스러운 것들은 깡그리 쓸어버렸다.

나를 극복하는 그 순간 나는 칭기즈칸이 되었다.

—칭기즈칸 어록 중에서

칭기즈칸은 수행자가 아닙니다. 그의 삶을 수행에 비유하는 것은 무리가 있습니다만 그의 삶에도 긍정적인 면이 있습니다. 그는 부하들과 똑같이 희생하고 똑같이 부를 나누어 가졌습니다. 그는 사치를 싫어하고 절제를 존중했습니다. 그에게 주어진 소명이 중요했기에 주어진 의무도 무겁다는 것을 알고 있는 지도자였습니다. 그와 그의 부하들은 늘 원칙에서 일치를 보며 서로에 대한 애정으로 굳게 결합되어 있었습니다. 그가 사라진 뒤에도 그는 위대한 이름으로 남았습니다.

異	哉	夫	利	養	泥	洹	趣	不	同
다를 이	어조사 재	지아비 부	이로울 리	기를 양	진흙 이	물이름 원	달릴 취	아닐 부	같을 동

能	第	是	知	者	比	丘	眞	仏	子
능할 능	차례 제	옳을 시	알 지	사람 자	견줄 비	언덕 구	참 진	부처 불	아들 자

不	樂	着	利	養	閑	居	却	亂	意
아닐 불	즐길 락	붙을 착	이로울 리	기를 양	한가할 한	살 거	물리칠 각	어지러울 란	뜻 의

제3장

등불은 찾는 것이 아니라
내가 등불이 되는 것이다

등불은 찾는 것이 아니라
내가 등불이 되는 것이다

무엇에 기뻐하고 무엇에 웃으랴.
세상은 끊임없이 불타고 있나니
그대들은 어두움에 덮이어 있으면서
어찌하여 등불을 찾지 않는가.

何 喜 何 笑 (하희하소)

命 常 熾 然 (명상치연)

深 弊 幽 冥 (심폐유명)

不 如 求 錠 (불여구정)

어떤 사람이 캄캄한 골목길을 걸어가고 있는데, 저 앞에서 누군가가
등불을 들고 다가오는 것이 보였습니다. 그런데 가까이서 그를 보니
장님이었습니다.

"당신은 앞을 볼 수가 없군요."

"그렇습니다."

"앞도 안 보이는데 등불을 들고 가는 이유가 무엇입니까?"

"내가 이 등불을 들고 가면 다른 사람들이 장님인 나를 발견할 수
있을 것이기 때문입니다."

자신의 몸을 태워 어둠을 밝히는 한 자루의 촛불처럼 내가 베푼 작은 호의나 사랑으로 실의에 가득 찬 누군가에게 삶의 희망과 용기를 불어넣어 줄 수 있다면 이보다 더 큰 행복이 또 있을까요.

사랑을 조건 없이 나누어주는 것은 많은 재물과 높은 지위나 명예가 있어야만 가능한 것은 아닙니다. 비록 가진 것이 많지 않아도 밝게 열린 눈으로 세상을 바라보고 아름다운 사랑의 마음을 지녔다면 얼마든지 나누어줄 수 있습니다.

빛과 공기는 당연한 것으로 여깁니다. 그러나 단 10분만 그것들이 공급을 중지하면 세상은 끝장입니다. 우리가 뿜어내는 작은 사랑도 마찬가지입니다. 꼭 필요한 사람으로 아름다운 사랑의 향기를 전하며 생명이 다하는 순간까지 자신의 몸을 태워 주위를 환하게 밝히는 촛불 같은 삶을 살 수 있기를 소망해봅니다.

남이 만든 등불을 찾아 미망의 시간을 보낼 것이 아니라 나 스스로 작은 등불이 되어 이웃을 밝혀보는 것이 어떨지요.

何	喜	何	笑	命	常	熾	然
어찌 하	기쁠 희	어찌 하	웃을 소	목숨 명	일상 상	성할 치	그러할 연

深	弊	幽	冥	不	如	求	錠
깊을 심	해질 폐	그윽할 유	어두울 명	아니 불	같을 여	구할 구	제기 이름 정

껍데기 육신의 정체를 알면
욕망은 사그라지리

보라, 꾸며 놓은 이 몸뚱이를.
육신은 상처덩어리에 불과한 것.
병치레 끊일 새 없고 욕망은 넘치고
단단하지도 영원하지도 못한 껍데기 육신.

見 身 形 範 (견신형범)
倚 以 爲 安 (의이위안)
多 想 致 病 (다상치병)
豈 知 非 眞 (기지비진)

인간이 죽으면 몸뚱이는 무덤에 묻힙니다. 티벳에서는 조장(鳥葬)의
풍습에 따라 산꼭대기에 시신을 버려 까마귀나 독수리가 쪼아 먹게
합니다. 지혜로운 수행자는 말합니다.

"저 죽은 시체도 살아 있는 이 몸뚱이와 같은 것이고, 살아 있는 이
몸뚱이도 언젠가는 죽은 저 시체처럼 될 것이다. 이와 같이 안팎으로
몸에 대한 욕망에서 떠나야 한다. 이 세상에서 애욕을 떠난 지혜로운
수행자는 죽음을 거치지 않고 평안하고 멸하지 않는 열반의 경지에
도달한다."

인간의 육체는 부정하고 악취를 풍기며, 온갖 오물로 가득 차 있어

매일같이 여기저기서 흘러나옵니다. 이와 같은 육체를 가지고 있으면서 자신을 청정무구한 것으로 알고 남을 업신여깁니다. 동굴 속에 머물러 집착하고 온갖 번뇌에 덮이어 미망에 빠져 있는 사람은 집착에서 벗어날 수 없습니다.

이 세상 욕망을 버리기란 참으로 어렵습니다. 욕망에 따라 생존의 쾌락에 붙잡힌 사람은 해탈하기 어렵습니다. 그들은 미래와 과거를 생각하면서 현재의 욕망에 빠져 있습니다. 욕망을 탐하고 부정에 친근하다가 죽을 때에는 여기서 죽으면 나는 어떻게 될까, 하고 후회합니다.

그들의 모습은 물이 마른 개울에서 허덕이는 물고기와 같습니다. 어진 이는 양극단에 대한 욕망을 억제하고 대상의 접촉을 잘 알아 탐하지 않습니다. 비난받을 나쁜 짓은 하지 않으며, 보고 듣는 일에 쉽게 현혹되지 않습니다. 어진 이는 갖고 싶어 하는 집착에 물들지 않으며, 번뇌의 화살을 뽑고 부지런히 정진하여 이 세상도 저 세상도 바라지 않습니다.

見	身	形	範	倚	以	爲	安
볼 견	몸 신	모양 형	법 범	의지할 의	써 이	할 위	편안할 안

多	想	致	病	豈	知	非	眞
많을 다	생각할 상	보낼 치	병 병	어찌 기	알 지	아닐 비	참 진

우리 비록 백골되어 가을 들녘에 버려진 표주박이 될지언정, 잠깐 머무는 이승에서 즐겁게!

이 몸 죽어 정신이 떠나면
가을 들녘에 버려진 표주박 같은 것.
살은 썩고 백골만 뒹굴 텐데
무엇을 사랑하고 즐길 것인가.

身 死 神 徒 (신사신사)
如 御 棄 車 (여어기거)
肉 消 骨 散 (육소골산)
身 何 可 怙 (신하가호)

우리가 비록 가을 들녘에 버려진 표주박이 될지언정, 잠깐 머무는 이승에서 즐거워야 합니다. 그것이 생명에 대한 도리일 것입니다. 그러자면 첫째, 눈이 즐거워야 합니다. 눈이 즐거우려면 좋은 경치와 아름다운 꽃을 봐야 합니다. 그러기 위해서는 여행을 자주 해야 합니다. 여행은 휴식도 되고 새로운 에너지를 충전하는 기회도 됩니다. 여행이 여의치 않다면, 하루 시간 중 짬나는 대로 웃기는 글이나, 웃기는 사진을 보면서 맘껏 웃을 수 있는 시간을 가지십시오. 그것이 바로 즐겁게 사는 것입니다.

둘째, 입이 즐거워야 합니다. 입이 즐거우려면 맛있는 음식을 먹어야 합니다. 금강산도 식후경이란 말도 있지 않습니까. 어떻게 보면 먹는 것이 제일 중요하다고 볼 수도 있습니다. 식도락가는 아니더라도 미식가는 되어야 하지 않겠습니까.

셋째, 귀가 즐거워야 합니다. 귀가 즐거우려면 아름다운 소리를 들어야 합니다. 계곡의 물소리도 좋고 이름 모를 새소리도 좋습니다. 자기가 좋아하는 가수의 음악을 듣는 것도 좋습니다. 조용히 음악을 감상하는 것이 정서를 풍요롭게 합니다. 음악을 즐기는 사람치고 마음이 곱지 않은 사람이 없습니다.

넷째, 몸이 즐거워야 합니다. 몸이 즐거우려면 자기 체력과 소질에 맞는 운동을 해야 합니다. 취미에 따라 적당한 운동을 하면 건강에도 좋고 몸도 즐겁습니다.

다섯째, 마음이 즐거워야 합니다. 마음이 즐거우려면 남에게 무주상보시를 해야 합니다. 가진 것이 많다고 보시를 하는 것이 아닙니다. 자기 능력에 따라 주는 것입니다. 남에게 무언가를 줄 때 정말 마음이 흐뭇합니다. 따뜻한 마음이라도 주어야 합니다. 남을 칭찬하는 것도 마음의 보시입니다. 마음이 즐거워야 진정한 즐거움이 있습니다.

身	死	神	徒	如	御	棄	車
몸 신	죽을 사	정신 신	옮길 사	같을 여	어거할 어	버릴 기	수레 거

肉	消	骨	散	身	何	可	怙
고기 육	사라질 소	뼈 골	흩을 산	몸 신	어찌 하	옳을 가	믿을 호

깃발이 높을수록 요동이 강하고
탑이 높을수록 무너지기 쉽다

뼈를 엮어서 성곽을 이루고
살과 피로 포장을 하여
그 안에 늙음과 죽음
교만과 성냄을 가득 채웠네.

身 爲 如 城(신위여성)
骨 幹 肉 塗(골간육도)
生 至 老 死(생지노사)
但 藏 恚 慢(단장에만)

“가난하면서 남을 원망하지 않기가 어렵고, 부유하면서 교만하지 않
는 것은 결코 쉬운 일이 아니다.” 『논어(論語)』에 나오는 말입니다. 교
만은 교만이라는 거울 외에 자신을 비춰볼 수 있는 다른 거울을 지니
고 있지 않습니다. 교만한 자들은 스스로 오만함과 건방짐에 사로잡
혀 있기 때문입니다.

사람의 성품 중에 가장 뿌리 깊은 것이 교만입니다. 지금 자신이
누구에게나 겸손할 수 있다고 자랑하는 것도 하나의 교만입니다. 겸
손을 의식한다는 것은 아직 교만의 뿌리가 남아 있다는 증거입니다.
깃발이 높을수록 요동이 강하고 탑이 높을수록 무너지기 쉽습니다.

'내'가 주도권을 잡게 되면 지혜의 눈은 초점을 잃게 됩니다.

사실 사람에게 그토록 결점이 많은 것은 아닙니다. 결점의 대부분은 거만한 태도에서 나옵니다. 먼저 거만한 태도를 버리면 많은 결점이 스스로 고쳐질 것입니다. 사람은 겉으로 나타나는 모습을 통해 안을 들여다 볼 수 있습니다. 얼굴에 허영심이 가득하다면 그 마음은 교만이 가득 차 있는 것이지요.

사람은 자신이 느끼는 것만큼 젊은 것은 사실이지만 자신이 생각하는 것만큼 중요한 인물은 아닙니다. 실패한 사람이 다시 일어나지 못하는 것은 그 마음이 교만한 까닭입니다. 성공한 사람이 그 성공을 유지하지 못하는 것도 역시 교만한 까닭입니다.

자신감에서 오는 추진력은 얼마 가지 않아 독단주의가 돼 버립니다. 자신의 힘이 강하다고 생각하여 적을 깔보는 군대는 반드시 전멸당하고 맙니다.

身	爲	如	城	骨	幹	肉	塗
몸 신	할 위	같을 여	성 성	뼈 골	줄기 간	고기 육	진흙 도

生	至	老	死	但	藏	恚	慢
날 생	이를 지	늙을 노	죽을 사	다만 단	감출 장	성낼 에	게으를 만

좋은 벗 세 가지 유형,
나쁜 벗 세 가지 유형

호화롭던 왕의 수레도 닳아 없어지듯
우리 몸도 늙으면 그와 같이 되지만
선한 이의 가르침은 시들지 않는다.
선한 사람들끼리는 늘 진리만을 말하므로.

老 則 形 變(노즉형변)
喻 如 故 車(유여고차)
法 能 除 苦(법능제고)
宜 以 仂 學(의이륵학)

좋은 벗 셋을 얻으면 인생에 성공한 사람입니다. 공자는 좋은 벗을
이렇게 규정했습니다.

"유익한 벗은 셋이 있는데 강직한 사람, 성실한 사람, 박식한 사람
을 친구로 하면 유익하다."

강직한 사람이란 비뚤어진 것을 싫어하는 사람입니다. 쉽게 말하
면 올바른 사람이지요. 어째서 그런 사람이 익우(益友)가 될까요? 내
가 올바르지 못한 일을 했을 때 거리낌 없이 지적해주기 때문입니다.
그런 사람을 친구로 하면 설령 잘못을 범했다 하더라도 늦기 전에 그
잘못을 고칠 기회를 가질 수 있을 것입니다.

그 다음, 성실한 사람을 친구로 하면 자기도 그 사람에게 감화를 받아서 그릇된 길에서 방황하지 않게 되겠지요. 이 역시 고맙고 이익이 되는 친구라 할 수 있을 것입니다.

셋째, 박식한 사람이란 많은 것을 알고 있는 사람을 말합니다. 요즘 말로 하면 많은 정보를 알고 있는 사람이라 할 수 있겠지요. 그런 사람을 친구로 하면 자신을 향상시키는 데에도 도움이 되고, 냉혹한 사회생활을 해나가는 데에 많은 도움을 받을 수 있을 것입니다.

공자는 사귀어서 아무런 도움이 되지 않는 친구, 아니 도움이 되기는커녕 해로운 친구로서 다음과 같은 세 가지 타입을 들고 있습니다.

友便辟(우편벽), 남의 비위를 잘 맞추고 아첨하는 사람.

友善柔(우선유), 마음은 착하고 곰상스러우나 줏대가 없는 사람.

友便佞(우편녕), 말로는 모든 일을 잘할 것 같으나 실속이 없는 사람.

이런 친구는 만나서도 안 되지만 내가 이런 친구가 되어서도 안 됩니다.

老	則	形	變	喻	如	故	車
늙을 노	곧 즉	모양 형	변할 변	깨우칠 유	같을 여	옛 고	수레 차

法	能	除	苦	宜	以	仍	學
법 법	능할 능	섬돌 제	쓸 고	마땅할 의	써 이	나머지 륵	배울 학

인생은 고해(苦海)라는 말을
사전에서 없애 버리자

이 몸 지은 이를 찾아
이리 기웃 저리 기웃해보았지만
찾지 못한 채 여러 생을 보냈다.
이승의 삶은 어느 것이나 괴로움이었다.

生 死 有 無 量 (생사유무량)
往 來 無 端 緖 (왕래무단서)
求 於 屋 舍 者 (구어옥사자)
數 數 受 胞 胎 (삭삭수포태)

인생은 고해라는 말은 반어법입니다. 겸손과 성찰을 강조하기 위한
반어법입니다. 불행하다고 해서 남을 원망하느라 기운과 시간을 허
비하지 맙시다. 어느 누구도 자신 인생의 질에 영향을 미칠 수는 없
습니다. 그럴 수 있는 사람은 오로지 자신뿐입니다.

모든 것은 타인의 행동에 반응하는 자신의 생각과 태도에 달렸습
니다. 자신의 삶은 자신이 만들어가는 것입니다.

나의 작은 습관들이 모여 나를 만들어갑니다. 알게 모르게 수 년이
지나면 내 습관이 나를 얼마나 변하게 했는지 알 수 있습니다. 10년
이 지나고 나면 작지만 좋은 습관들을 만들어가는 성공자의 삶을 살

앉으면 좋겠습니다.

항상 긍정의 눈으로 세상을 보는 습관, 항상 긍정의 말만 하는 습관, 남에게 뭔가 주는 것을 기뻐하는 습관, 문제만 제시하지 않고 대안도 제시할 줄 아는 습관, 그런 습관들을 만들며 승자의 삶을 살았으면 좋겠습니다.

이미 만들어진 나쁜 습관들은 하나씩 지워갈 수 있었으면 좋겠습니다. 좋은 말, 좋은 행동을 반복하고, 그 반복들이 모여서 좋은 습관이 만들어졌으면 좋겠습니다.

다른 사람들이 당신에 대해서 뭐라고 말을 하든 어떻게 생각하든 개의치 말고 심지어 어머니가 당신을 사랑하는 것보다도 더 자기 자신을 사랑해야 합니다. 그래서 언제나 당신 자신과 연애하듯 삶을 살아갑시다.

生	死	有	無	量	往	來	無	端	緒
날 생	죽을 사	있을 유	없을 무	헤아릴 량	갈 왕	올 래	없을 무	바를 단	실마리 서

求	於	屋	舍	者	數	數	受	胞	胎
구할 구	어조사 어	집 옥	집 사	사람 자	자주 삭	자주 삭	받을 수	태보 포	아이밸 태

인생의 목적은 승리하는 데 있지 않고
성숙해지고 함께 나누는 것에 있다

이제 이 집 지은 이 보았나니

그대는 다시 이 집을 짓지 마라.

모든 서까래는 내려앉았고

기둥도 들보도 쓰러졌다.

이제 내 마음도 짓는 일이 없을 것이니

육체의 욕망은 말끔히 씻어버렸으니.

以 觀 此 屋 (이관차옥)

更 不 造 舍 (경부조사)

梁 棧 已 壞 (양잔이괴)

臺 閣 摧 折 (대각최절)

心 已 離 行 (심이리행)

中 間 已 滅 (중간이멸)

우리는 살아가면서 수많은 일들을 겪습니다. 어찌 평탄하고 좋은 날만 있겠습니까. 청명한 날이 있고 바람 불고 비 오고 눈 오는 날이 있듯이, 흐린 날도 다 우리 인생의 한 자락입니다.

흐리면 흐린대로, 맑으면 맑은 아름다움에 감사하면서 때론 길을 잃고 헤맬지라도 포기하지 말고 목적지를 잊지 않고 지나온 길을 더

들어 가다 보면 잃어버린 그 길을 다시 발견하는 기쁨도 맛볼 수 있습니다. 완벽하고자 하는 사람일수록 자신의 실수나 잘못에 대해 비판적이며 지나치게 자책하고 괴로워합니다. 그러므로 역경에 단련되지 않고서는 진정한 행복과 인생에 대한 폭넓은 이해를 가질 수 없지 않을까요?

시련과 고통은 우리를 단련시키고 더 깊이 보고 더 넓게 보는 혜안을 길러줄 것이며 인생을 한걸음 물러서서 관조할 마음의 여유를 갖게 할 것입니다.

그러므로 안 좋은 일에 집착하여 우울함 속에 있지 말고 밝고 긍정적인 사고로 인간의 나약함을 인정할 때 우리는 자책으로부터 벗어날 수 있을 것입니다.

인생의 목적은 승리하는 데 있지 않고 성숙해지고 함께 나누는 것에 있기 때문입니다.

以	觀	此	屋	更	不	造	舍
써 이	볼 관	이 차	집 옥	고칠 경	아닐 부	지을 조	집 사

梁	棧	已	壞	臺	閣	摧	折
들보 양	잔도 잔	이미 이	무너질 괴	돈대 대	문설주 각	꺾을 최	꺾을 절

心	已	離	行	中	間	已	滅
마음 심	이미 이	떼어놓을 리	갈 행	가운데 중	사이 간	이미 이	멸망할 멸

흰 머리칼, 주름살은 퇴락의 징표가 아니라 격랑을 헤쳐온 훈장이다

깨끗한 행실도 닦지 못하고
또 젊어서 재물도 모으지 못하면
고기 없는 못가의 늙은 백로처럼
쓸쓸히 죽어갈 것이다.

不 修 梵 行 (불수범행)
又 不 富 財 (우불부재)
老 如 白 鷺 (노여백노)
守 伺 空 池 (수사공지)

둘째 줄의 우불부재(又不富財)에 대한 번역이 참 어렵습니다. 단순히 물질적인 재산을 의미하는 것은 아닐 것입니다. 법정 스님은 '정신적인 재산을 모아두지 못한 사람은'이라고 번역했습니다. 물질적 재산, 정신적 재산, 건강한 정신, 지혜 등을 이르는 복합적인 의미겠지요.

저명한 심리학자인 위너 세케이 박사는 사람은 중년에 접어들면서 지능이 10단위 이상 높아진다는 연구 결과를 발표했습니다. 즉 순간적인 창작력은 젊은이들의 몫이지만, 지혜가 필요한 창작력은 중년 이후에 나온다는 것이지요. 그래서 노인도 새로운 일을 배울 수 있다는 겁니다.

일생을 통해 파괴되어 버리는 뇌세포는 10% 미만이기 때문에 노인에게 문제가 되는 것은 사실은 뇌세포 기능의 상실이 아니라 '새로운 일을 시작하기에는 나는 너무 나이가 들었다'는 자신감의 상실입니다.

40대에 들어서면 사람에게는 관절염이나 당뇨병 같은 성인병 증세가 나타나기 시작합니다. 머리숱도 줄어들고 흰머리도 생기고 피부는 탄력을 잃고 주름살도 깊어집니다. 근육은 경직되고 뼈마디가 약해지고 행동도 유연하지 못하게 됩니다. 대부분의 노인들이 이 같은 육체적 노화에 자신감을 잃게 되지요.

그러나 인간이 나이를 먹는 것은 안타까워할 일이 아닙니다. 따라서 노년에 접어든 사람들은 육체보다는 정신능력을 더 계발시키면서 의욕적이고 만족한 삶을 살 수 있도록 노력해야 합니다.

정신없이 살아온 베이비붐세대인 50, 60대. 노후를 생각하면 막막합니다만 힘내서 또 도전합시다. 산전수전 다 겪은 당신인데 무슨 일인들 못하겠습니까.

不	修	梵	行	又	不	富	財
아닐 불	닦을 수	범어 범	갈 행	또 우	아닐 불	풍성할 부	재물 재

老	如	白	鷺	守	伺	空	池
늙을 노	같을 여	흰 백	해오라기 노	지킬 수	엿볼 사	빌 공	못 지

천상의 목소리를 가진 노숙자의 인생역전

젊었을 때 수행하지 않고
또 재물도 쌓지 못하면
늙어서 부러진 화살처럼 쓰러져 누워
부질없이 지난 날을 탄식하리라.

既 不 守 戒 (기불수계)
又 不 積 財 (우불적재)
老 贏 氣 竭 (노리기갈)
思 故 何 逮 (사고하체)

14살 때부터 앵커가 꿈이었던 테드 윌리엄스. 그는 1996년 마약과 술에 빠져 노숙자로 전락했습니다. 어느 날 그가 도로에서 구걸을 하고 있는데 길을 지나가던 한 사람이 적선을 하다가 그의 목소리가 좋아 그를 녹화하여 페이스북에 올렸습니다.

그의 목소리를 들은 라디오와 방송관계자들은 그를 방송에서 쓰겠다고 나섰고 그는 여러 방송국에서 일하게 되었습니다. 그는 '골든보이스'라 불리며 미국의 스타덤에 올랐습니다.

그는 방송 중간에 나오는 멘트에 딱 알맞은 목소리, 깊고 굵은 목소리를 가지고 있었습니다. 방송에서는 그의 구걸행각과 현재의 방송활동 모습을 보여주었는데 그의 현격한 변화와 그의 목소리에 놀라움을 갖지 않을 수가 없었습니다.

그가 수차례에 걸쳐서 마약과 절도행각을 벌였고 노숙자로 전락한 전적이 있는 사람이기에 여론에서는 그가 계속 성공할 것인지, 갑작스런 변화를 감당하지 못하고 다시 예전 생활로 돌아갈 것인지 앞으로의 삶에 대한 전망이 엇갈렸습니다.

하루 아침에 노숙자에서 유명인사로 신분상승을 이룬 테드 윌리엄스가 어떻게 육신의 정욕, 안목의 정욕, 이생의 자랑을 이겨내고 변화된 삶에 적응할지 앞으로 그의 행로를 많은 사람들이 지켜볼 것입니다. 앞으로 그에게 닥칠 유혹들을 이기고 인생의 두 번째 기회에서 다시 일어서길 바라는 마음입니다.

한때는 반듯한 생활을 했던 이 땅의 노숙인들도 얼굴을 닦고, 신발 끈 고쳐메고 다시 일어서서 빳빳한 화살이 되어 세상 속으로 발사되길 기원합니다.

旣	不	守	戒	又	不	積	財
이미 기	아닐 불	지킬 수	경계할 계	또 우	아닐 불	쌓을 적	재물 재

老	羸	氣	竭	思	故	何	逮
늙을 노	여윌 리	기운 기	다할 갈	생각 사	옛 고	어찌 하	미칠 체

유리하다고 교만하지 말고, 불리하다고 비굴하지 마라!

떳떳하게 행동하라.

나쁜 행동하지 마라.

진리에 따라 행동하는 사람은

이 세상과 저 세상에서 편히 잠든다.

樂 法 樂 學 行 (낙법락학행)

愼 莫 行 惡 法 (신막행악법)

能 善 行 法 者 (능선행법자)

今 世 後 世 樂 (금세후세락)

똑같은 일을 반복해야 하는 직장생활은 따분합니다. 시간이 흐르면 업무에는 익숙해지지만 타성에 젖고 회의가 들기도 합니다. 수행이든 사업이든 처음 시작할 때의 마음가짐이 중요합니다.

우리가 아껴야 할 마음은 초심입니다. 훌륭한 인물이 되고, 중요한 과업을 성취하기 위해서는 세 가지 마음이 필요하다고 합니다.

첫째는 초심, 둘째는 열심, 셋째는 뒷심입니다. 그 중에서도 제일 중요한 것이 초심입니다. 초심 속에 열심과 뒷심이 담겨 있기 때문입니다.

초심에서 열심이 나오고, 초심을 잃지 않을 때 뒷심도 나오기 때문입니다. 초심이란 무슨 일을 시작할 때 처음 품는 마음입니다. 처음에 다짐하는 마음입니다. 초심이란 첫사랑의 마음입니다. 초심이란 겸손한 마음입니다. 초심이란 순수한 마음입니다. 초심이란 배우는 마음입니다. 견습생이 품는 마음입니다. 초심이란 동심입니다.

우리가 무엇이 되었다고, 무엇을 이루었다고 생각할 때가 가장 위험한 때입니다. 그때 우리가 점검해야 할 마음이 초심입니다. 우리 인생의 위기는 초심을 상실할 때 찾아옵니다. 초심을 상실했다는 것은 교만이 싹트기 시작했다는 것입니다. 마음의 열정이 식기 시작했다는 것입니다.

초심을 잃지 않기 위해서 우리는 정기적으로 마음을 관찰해야 합니다. 초심과 얼마나 거리가 떨어져 있는지, 초심을 상실하지는 않았는지 관찰해 보아야 합니다. 초심은 사랑과 같아서 날마다 가꾸지 않으면 안 됩니다. 사랑은 전등이 아니라 촛불과 같습니다. 전등은 가꾸지 않아도 되지만 촛불은 가꾸지 않으면 쉽게 꺼지고 맙니다.

樂	法	樂	學	行	愼	莫	行	惡	法
즐길 낙	법 법	즐길 락	배울 학	갈 행	삼갈 신	없을 막	갈 행	악할 악	법 법

能	善	行	法	者	今	世	後	世	樂
능할 능	착할 선	갈 행	법 법	사람 자	이제 금	인간 세	뒤 후	인간 세	즐길 락

제4장

입은 모든 화를 불러들이는 문이다

나는 참회한다, 고로 존재한다

자기를 사랑할 줄 안다면
자신을 잘 지켜야 한다.
지혜로운 사람은 밤이 길고 깊어도
한 번쯤은 깨어 있어야 한다.

自 愛 身 者 (자애신자)
愼 護 所 守 (신호소수)
希 望 欲 解 (희망욕해)
學 正 不 寢 (학정불침)

세수는 하루도 거르지 않습니다. 하루에도 몇 번씩 합니다. 우리는 자신을 늘 가꾸고 손질합니다. 이렇게 육신은 정성 들여 다듬으면서도 마음을 다듬는 데는 소홀히 하고 있습니다.

스스로 삼가는 사람은 자신을 늘 성찰하며 조심하는 사람입니다. 자신의 삶을 성공시키기 위해 자신의 마음을 늘 갈고 닦으며 살핍니다. 자신을 마구 내던지는 사람은 실패자가 되기 쉽습니다. 일상생활에서도 자신을 삼가지 못하고 술이나 도박에 자신을 내던지고 헤어나지 못하는 사람은 평생을 그렇게 살다 갑니다.

비록 사업에 성공하여 돈을 많이 벌었다 해도 깨끗한 삶을 살지 못한다면 축적된 돈은 성공이 아니라 자신을 더욱 황폐하게 만드는 요인이 됩니다. 그것이 오히려 자신과 가정을 파괴하는 무서운 독소가 되어 어느 날 폐인으로 변한 자신의 모습을 발견하게 됩니다.

진정한 성공은 한순간에 얻어진 무엇이 아니라 항상 살아가는 과정의 순간에서 만족을 느끼고 행복과 자신의 가치를 찾을 수 있을 때 얻어집니다.

'하루가 행복하려면 잠을 자고, 한 달이 행복하려면 책을 읽고, 삼년이 행복하려면 결혼을 하고, 평생을 행복하려면 채소밭을 일구라'는 말이 있습니다. 채소밭을 일구란 말은 농사를 지으라는 말이 아니라 참회와 성찰을 통해 지혜를 모으고 마음의 복밭을 일구라는 의미일 것입니다.

自	愛	身	者	愼	護	所	守
스스로 자	사랑 애	몸 신	사람 자	삼갈 신	보호할 호	자리 소	지킬 수

希	望	欲	解	學	正	不	寢
바랄 희	바랄 망	하고자 할 욕	풀 해	배울 학	바를 정	아닐 불	잠잘 침

군자의 마음은 언제나 떳떳하지만,
소인의 마음은 언제나 근심으로 가득하다

먼저 자기 자신을 바로 갖추고
그런 다음에 남을 가르치라.
이와 같이 하는 지혜로운 이는
괴로워할 일이 없으리라.

學 當 先 求 解 (학당선구해)
觀 察 別 是 非 (관찰별시비)
受 諦 應 誨 彼 (수체응회피)
慧 然 不 復 惑 (혜연불부혹)

지혜로운 자, 깨달은 자를 유교적으로 말하면 군자가 되겠지요. 유교
는 삶의 최대 지향점을 수신제가치국평천하(修身齊家治國平天下)로 꼽
고 있습니다. 불교에서는 부처, 각자(覺者)라고 규정합니다.

군자가 추구하는 것은 도이기에 예로써 몸을 세우며, 의로써 일을
행하고, 성(誠)으로 사람을 대합니다. 언제나 낙관적이며 진취적이기
에 하늘을 우러러보나 세상을 굽어보나 부끄러움이 없습니다. 그러
므로 마음에 거리낄 것이 없어 불안할 일이 없습니다. 반면 소인은
명리(名利)에 급급하여 이해득실에만 마음을 쓰기에 탐욕이 끝없어
언제나 마음이 고통스럽고 편하지 못합니다.

군자는 일일삼성(一日三省)으로 자신을 늘 깨끗이 합니다. 인간의 욕망에서 자신을 억누를 줄 알아야 합니다. 자신의 이름을 나타내고 싶은 명예욕, 잘 먹고 잘 입고자 하는 사치욕, 육체의 쾌락을 추구하는 정욕, 남보다 앞서야 속이 풀리는 출세욕, 조그만 이익을 찾아 인간의 도리를 저버리는 탐욕 등에서 자신을 늘 누르며 삼가야 합니다. 누가 보아도 인격자로서 어느 정도 인정받을 수 있는 사람이 성공한 모습일 것입니다. 부(富)의 축적은 결코 성공의 척도가 될 수 없습니다.

맹자가 말한 군자삼락(君子三樂)은 이렇습니다. "첫째는 부모형제가 무탈한 것이요, 둘째는 하늘을 우러러 부끄러움이 없는 것이요, 셋째는 천하의 인재들을 교육하는 일이다."

추사 김정희가 말한 군자삼락은 이렇습니다.

"일독(一讀)이라 : 글을 읽는 것이 군자의 첫째 낙이요,

이색(二色)이라 : 사랑하는 사람과 운우(雲雨)를 즐기는 것이요,

삼주(三酒)라 : 벗을 청해 세상사 논하며 술을 마시는 것이다."

學	當	先	求	解	觀	察	別	是	非
배울 학	당할 당	먼저 선	구할 구	풀 해	볼 관	살필 찰	나눌 별	옳을 시	아닐 비

受	諦	應	誨	彼	慧	然	不	復	惑
받을 수	살필 체	을할 응	가르칠 회	저 피	슬기로울 혜	그러할 연	아닐 불	다시 부	미혹할 혹

내려가는 것이 바로 올라가는 것이다

남을 가르치듯
스스로를 바르게 닦으라.
다루기 힘든 자기를 닦지 않고
어떻게 남을 가르치고 훈계하랴.

當 之 剋 修 (당지극수)
隨 其 敎 訓 (수기교훈)
己 不 被 訓 (기부피훈)
焉 能 訓 彼 (언능훈피)

말로는 누구에게 져 본 적이 없는 할머니가 있었습니다. 그런데 그
집에 똑똑한 며느리가 들어왔습니다. 많은 사람이 "저 며느리는 이
제 죽었다!"라며 걱정했습니다. 그런데 어쩐 일인지 시어머니가 조
용했습니다. 가만히 있을 분이 아닌데 이상했습니다. 사실 며느리가
들어올 때 시어머니는 벼르고 별렀습니다. 그래서 처음부터 시집살
이를 시켰습니다. 생으로 트집을 잡고 일부러 모욕도 주었습니다.

그러나 며느리는 전혀 잡히지 않았습니다. 왜냐하면 그럴 때마다
시어머니의 발밑으로 내려갔기 때문입니다. 시어머니가 "친정에서
그런 것도 안 배워 왔느냐?" 하고 생트집을 잡으면 며느리는 공손하
게 대답했습니다. "친정에서 배운다고 배웠지만 시집와서 어머니께

배우는 것이 더 많아요. 모르는 것은 자꾸 가르쳐주세요." 하고 머리를 조아리니 시어머니는 할 말이 없습니다.

또 한 번은 "대학까지 나와서 그런 것도 모르냐?" 하며 모욕을 줬습니다. 그렇지만 며느리는 도리어 웃으며 "요즘 대학 나왔다고 해봐야 옛날 초등학교 나온 것만도 못해요, 어머니!" 하고 대답했습니다.

매사에 이런 식이니 시어머니가 아무리 찔러도 소리가 나지 않습니다. 무슨 말대꾸라도 해야 큰소리치며 나무라겠는데 이건 어떻게 된 것인지 뭐라고 한마디하면 그저 시어머니 발밑으로 기어들어 가니 불안하고 피곤한 것은 오히려 시어머니 쪽이었습니다. 사람이 그렇습니다. 저쪽에서 내려가면 이쪽에서 불안하게 됩니다. 이쪽에서 내려가면 반대로 저쪽에서 불안하게 됩니다. 그러니까 먼저 내려가는 사람이 결국은 이기게 됩니다. 사람들은 먼저 올라가려고 하니까 서로 피곤하게 됩니다.

當	之	尅	修	隨	其	教	訓
당할 당	갈 지	이길 극	닦을 수	따를 수	그 기	가르칠 교	가르칠 훈

己	不	被	訓	焉	能	訓	彼
자기 기	아닐 부	미칠 피	가르칠 훈	어찌 언	능할 능	가르칠 훈	저 피

자신을 볼 줄 아는 눈이
최고로 밝은 눈이다

자기야말로 자신의 주인이다.

어떤 주인이 따로 있을까.

자기를 닦아 잘 다룰 때

얻기 힘든 주인을 얻은 것이다.

自 己 心 爲 師 (자기심위사)

不 隨 他 爲 師 (불수타위사)

自 己 爲 師 者 (자기위사자)

獲 眞 智 人 法 (획진지인법)

나무를 보고, 어떤 사람은 많은 돈을 벌 수 있는 목재로 봅니다. 또 어떤 사람은 겨울을 따뜻하게 날 수 있는 땔감으로 봅니다. 또다른 사람은 영혼을 가진 생명으로 아름다운 풍경을 만들어주는 대상으로 봅니다. 돈이나 장작을 넘어선 가치를 지녔다고 생각하는 것입니다.

이렇듯 세상을 달리 보는 것은 살아가는 태도가 다르기 때문입니다. 이 태도는 살아가는 목표를 결정합니다. 삶의 목표는 우리가 세상에서 무엇을 볼지 결정해주고 어떻게 볼지도 결정해주며 내면의 눈을 맑게 또는 흐리게도 합니다.

사람들의 생각은 모두 다양하고 세상을 바라보는 시각도 각기 다

룹니다. 무엇을 보고 무엇을 위해 살아가느냐에 따라서 삶의 모습도 결정되는 것입니다.

내면의 맑은 눈으로 아름다움을 창조하고 삶의 풍요로움과 행복을 만끽하는 지혜로운 사람으로 살아갈 수만 있다면 얼마나 좋을까요.

自	己	心	爲	師		不	隨	他	爲	師
스스로 자	몸 기	마음 심	할 위	스승 사		아닐 불	따를 수	다를 타	할 위	스승 사

自	己	爲	師	者		獲	眞	智	人	法
스스로 자	몸 기	할 위	스승 사	사람 자		얻을 획	참 진	슬기 지	사람 인	법 법

하찮은 물방울이 바위를 뚫고, 바윗덩이 속에서 다이아몬드가 나온다

내가 저지른 죄악은

바로 내게서 일어난 것.

금강석이 여의주를 부숴 버리듯

어리석은 자를 부숴 버린다.

本 我 所 造 (본아소조)

後 我 自 受 (후아자수)

爲 惡 自 更 (위악자갱)

如 剛 鑽 珠 (여강찬주)

나의 사랑이 소중하고 아름답듯 아무리 보잘것없이 작은 것이라 할
지라도 타인의 사랑 또한 아름답고 값진 것임을 잘 알고 있는 사람,
그런 사람이 참 아름다운 사람입니다.

나의 자유가 중요하듯이 남의 자유도 똑같이 존중해주는 사람, 그
런 사람이 참 아름다운 사람입니다.

남이 실수를 저질렀을 때 자신이 실수를 저질렀을 때의 기억을 떠
올리며 그 실수를 감싸 안는 사람, 그런 사람이 참 아름다운 사람입
니다.

나의 생각과 맞지 않다고 해서 그것을 옳지 않은 일이라 단정 짓지

않는 사람, 그런 사람이 참 아름다운 사람입니다.

잘못을 저질렀을 때 "너 때문이야"라는 변명이 아니라 "내 탓이야"라며 멋쩍은 미소를 지을 줄 아는 사람, 그런 사람이 참 아름다운 사람입니다.

기나긴 인생길의 결승점에 1등으로 도달하기 위해 다른 사람을 억누르기보다는 조금 더디 갈지라도 힘들어하는 이의 손을 잡아 주며 함께 갈 수 있는 사람, 그런 사람이 참 아름다운 사람입니다.

받을 것을 생각하기보다는 늘 못다 준 것을 아쉬워하는 사람, 그런 사람이 참 아름다운 사람입니다.

하찮게 보이는 물방울이 바위를 뚫고, 거칠고 단단한 바위덩이 속에서 다이아몬드가 나옵니다.

本	我	所	造	後	我	自	受
근본 본	나 아	바 소	지을 조	뒤 후	나 아	스스로 자	받을 수

爲	惡	自	更	如	剛	鑽	珠
할 위	악할 악	스스로 자	다시 갱	같을 여	굳셀 강	끌 찬	구슬 주

용서를 알면 인생이 바뀐다

성질이 아주 포악한 자는
칡덩굴이 큰 나무를 휘감아
말라 죽기를 기다리듯이
원수의 소원대로 저절로 파멸하고 만다.

人 不 持 戒 (인불지계)
滋 蔓 如 藤 (자만여등)
湮 情 極 欲 (영정극욕)
惡 行 日 增 (악행일증)

용서란 상대방을 위한 면죄부를 주는 것도 아니고 상대방의 행동을
정당화하는 것도 아니다. 내가 앞으로 나아가기 위해서다. 과거에 매
달려 앞으로 나가지 못하는 것은 결코 나를 위한 일이 아니다. 용서
하라. 나 자신을 위해.

— 오프라 윈프리

용서하라고 말들을 하지만 그것이 말처럼 쉽지만은 않습니다. 어
떻게 상대의 허물을 지우개로 지우듯 지우겠습니까. 그러나 상대를
미워하는 마음이 들어차면 찰수록 내 자신이 힘들고 그것에 갇혀 고
통스럽습니다.

용서하십시오. 그렇다고 용서해야 한다는 사명감으로 용서하지는 마십시오. 덜 괴롭고 덜 아플 만큼 용서하십시오.

용서란 삶을 살아가는 데 필요한 대단히 중요한 기술입니다. 흔히들 용서에 대해 잘못 생각하고 있는 경우가 많은데 인정머리 없는 행위를 그저 참고만 있다든가, 마음 아픈 일을 당하고 나서 없던 일로 잊어버리는 것, 부당한 일을 애써 좋게 봐주는 것은 용서가 아닙니다.

진정한 용서를 배우면 상처 입은 영혼이 치유되고 마음의 평화를 되찾을 수 있습니다. 분노와 원망을, 목표를 향해 가는 과정에서 마주치는 도전쯤으로 보게 해줍니다.

오늘과 미래에 도전할 용기가 생깁니다. 누구도 나를 함부로 할 수 없다는 자신감을 얻게 됩니다. 과거로부터 해방되어 현재와 미래를 살 수 있게 됩니다.

人	不	持	戒	滋	蔓	如	藤
사람 인	아닐 불	가질 지	경계할 계	붙을 자	넝쿨 만	같을 여	등나무 등

淫	情	極	欲	惡	行	日	增
거침없이 흐를 영	뜻 정	다할 극	하고자 할 욕	악할 악	갈 행	날 일	더할 증

사람을 외모로 평가하지 마라!

악한 일은 자신에게 해를 끼치지만
그 일은 저지르기 쉽다.
착한 일은 자신에게 평화를 가져오지만
그 일은 행하기가 어렵다.

惡 行 危 身 (악행위신)
愚 以 爲 易 (우이위이)
善 最 安 身 (선최안신)
愚 以 爲 難 (우이위난)

재벌부부가 있었습니다. 이들에게는 자식이 없어 여생을 조금은 쓸쓸하게 보내고 있었습니다. 그래서 노부부는 재산을 유익한 일에 쓰고 싶었습니다.

"우리 전 재산을 교육 사업에 헌납하기로 해요."

다음 날 부부는 미국의 명문 하버드대학을 방문하였습니다. 정문에 막 들어서려는데 허름한 옷차림의 두 노인을 본 수위가 그들을 불러 세웠습니다. 그러고는 불친절하게 따지듯이 물었습니다.

"노인 양반들, 지금 어디를 가려고 하는 거요?"

"총장님을 좀 뵈러 왔는데요."

수위는 아주 경멸하는 태도로 답했습니다.

"총장님께서는 댁들을 만날 시간이 없소!"

노부부는 수위의 태도에 불쾌했지만 마지막으로 한마디 더 물었습니다.

"대학교를 설립하려면 돈이 얼마나 듭니까?"

"내가 그걸 어떻게 압니까? 댁들 같은 사람들이 그건 왜 묻습니까?"

마음에 상처를 받은 노부부는 기부하려던 것을 없던 일로 하고 직접 학교를 짓기로 결심했습니다. 그들이 전 재산을 투자하여 설립한 대학이 바로 지금 미국 명문 대학 중의 하나인 스탠포드대학입니다.

한편 이 사실을 뒤늦게 안 하버드대학에서는 그날의 잘못을 반성하며 아쉬워했습니다. 그 후부터 하버드 대학 정문에는 다음과 같은 글귀가 붙어 있게 되었다고 합니다.

"사람을 외모로 평가하지 마라!"

惡	行	危	身		愚	以	爲	易
악할 악	갈 행	위태할 위	몸 신		어리석을 우	써 이	할 위	쉬울 이

善	最	安	身		愚	以	爲	難
착할 선	가장 최	편안할 안	몸 신		어리석을 우	써 이	할 위	어려울 난

입은 모든 화를 불러들이는 문이다

진리에 따라 살아가는 성자의 가르침을
좁은 생각으로 비방하는 바보들은
열매가 여물면 저절로 말라 죽는
길대풀처럼 스스로 파멸한다.

如 眞 人 敎 以 道 法 身 (여진인교 이도법신)
愚 者 嫉 之 見 而 爲 惡 (우자질지 견이위악)
行 惡 得 惡 如 種 苦 種 (행악득악 여종고종)

사회생활을 하는 데 의사표현은 정말 중요합니다. 말 한마디로 천 냥 빚 갚는다는 속담도 있지요. 말 한마디에 생명이 결정되는 수도 있으니 함부로, 생각 없이, 말하는 당신, 조심하세요. 말조심하려고 항상 결심을 해보지만 때로는 세 치의 혀가 생각보다 먼저 덥석 말을 해버립니다. 여과되지 않는 말이 입 밖으로 나가버리니 입이 화근입니다.

혀가 말하기 전에 머리를 거쳐 생각을 해본다면 실수하는 말은 없을 것인데 이익도 없는 일에 혀가 신이 나서 야단입니다. 이놈의 혀! 이놈의 혀가 말을 입 밖으로 내보내니 입은 모든 화를 불러들이는 문이 되어 버립니다.

하고 싶은 말도 1초의 여유를 가지고 머릿속을 거친다면 말조심 필터가 걸러낼 텐데. 그놈의 혀와 그놈의 주둥이가 문제입니다. 함부로 발설한 입 때문에 괴로운 사과를 해야 합니다. 불조심, 차조심보다 더 가까이 두고 조심해야 할 것이 바로 입입니다.

당신이 생각 없이 내뱉은 말, 세상에 독이 됩니다. 당신이 생각하고 하는 말, 세상에 약이 됩니다.

如	眞	人	敎	以	道	法	身
같을 여	참 진	사람 인	가르칠 교	써 이	길 도	법 법	몸 신

愚	者	嫉	之	見	而	爲	惡
어리석을 우	사람 자	시기할 질	갈 지	볼 견	말이을 이	할 위	악할 악

行	惡	得	惡	如	種	苦	種
갈 행	악할 악	얻을 득	악할 악	같을 여	씨 종	쓸 고	씨 종

자기가 한 일에 대한 과보는
자신에게 돌아간다

내가 악행을 하면 스스로 더러워지고
내가 선행을 하면 스스로 깨끗해진다.
깨끗함도 더러움도 내게 달린 것,
누가 그것을 대신해 줄 수 있으리.

惡 自 受 罪 (악자수죄)

善 自 受 福 (선자수복)

亦 各 須 熟 (역각수숙)

彼 不 相 代 (피불상대)

양나라 황제 양무제는 즉위한 직후에는 성군이었습니다. 죄인을 사형에 처할 때면 며칠을 고심할 정도로 백성들을 위한 정치를 하였으며 황제보살이라 일컬어질 정도로 덕을 베푼 성군이었습니다.

그러나 양무제는 노년기에 접어들면서 폭정을 하였고 나중에는 백성들의 원성이 높아 서기 548년에 후경이라는 자가 반란을 일으켰습니다. 후경의 반란은 성공했고 황제가 머무는 궁궐은 점령당했습니다. 이때 황제는 후경에게 물었습니다.

"너는 도대체 누구기에 감히 여기까지 들어왔느냐? 처음 강을 건널 때 따르는 군사는 몇 명이었느냐?"

"1천 명 정도였소."

"이 성을 포위한 군사는 몇 명이냐?"

"10만 명이오."

"지금 너를 따르는 군사는 몇 명이냐?"

"온 나라 백성 전부요."

이 말에 양무제는 고개를 떨구고 더 이상 묻지 않았습니다. 이 대화에서 보듯 처음 반란군은 1천 명 정도였으나 시간이 갈수록 후경을 돕고 호응하는 자가 늘어나서 황제의 궁을 함락시킬 때는 10만 명, 그리고 지금은 모든 백성이 그를 따른다는데 더 이상 황제가 버틸 수는 없었습니다.

결국 황제는 폐위되어 유배되었습니다. 유배지에서 제대로 먹지 못하고 병이 들었고 나중에는 꿀물 한 그릇 달라는 요청도 거절당하자 괘씸한 놈이라고 후경을 욕하다가 죽어갔습니다.

양무제는 죽어가면서 스스로를 조소하듯 '자업자득이로구나. 백성을 잃은 내가 새삼스럽게 무슨 할 말이 있단 말인가' 하고 한탄하다가 죽었다고 합니다.

惡	自	受	罪	善	自	受	福
악할 악	스스로 자	받을 수	허물 죄	착할 선	스스로 자	받을 수	복 복

亦	各	須	熟	彼	不	相	代
또 역	각각 각	모름지가 수	익을 숙	저 피	아닐 불	서로 상	대신할 대

시계가 가는 소리는
'상실, 상실, 상실'이라는 소리다

아무리 남을 위한 중요한 일이라 해도
자신의 의무를 소홀히 마라.
사기가 해야 할 일임을 알고
때를 놓치지 말고 최선을 다하라.

凡 用 必 豫 慮 (범용필예려)
勿 以 損 所 務 (물이손소무)
如 是 意 日 修 (여시의일수)
事 務 不 失 時 (사무불실시)

시간이 소중하다는 것은 누구나 다 아는 사실입니다. 그러나 우리들
은 '지금 이 순간'의 소중함을 자주 잊어버리기에 이미 흘러가버린
시간을 두고 '만일 그때 그렇게 했었더라면……'이라는 후회를 자주
되풀이하는 것입니다.

시간은 곡마단과 같은 것이라 늘 짐을 싸고 떠나야 할 뿐 잠시도
머무는 법이 없습니다. 그렇기에 아무리 작은 단위의 시간이라도 헛
되이 보내서는 안 됩니다.

영국의 소설가 윌리엄 버넷의 글을 보면 절실히 실감할 수 있습
니다.

인생은 한 번밖에 없다.

그리고 전 생애에서 오늘 하루도 한 번밖에 없다.

오늘 24시간은 다시 돌아오지 않는 법

시계가 가는 소리는 '상실, 상실, 상실'이라는 소리다.

사람들이 죽을 때 하는 후회, 껄껄껄 3가지!

1. 좀 더 나누고 살껄~.

2. 좀 더 용서할껄~.

3. 좀 더 재미있게 살껄~.

우리도 후회 없는 삶을 위해 때를 놓치지 말고 좀 더 나누고 넓은 마음으로 재미있게 삽시다.

凡	用	必	豫	慮	勿	以	損	所	務
무릇 범	쓸 용	반드시 필	미리 예	생각할 려	말 물	써 이	덜 손	바 소	일 무

如	是	意	日	修	事	務	不	失	時
같을 여	옳을 시	뜻 의	날 일	닦을 수	일 사	일 무	아닐 불	잃을 실	때 시

사람은 태어날 때
입 안에 도끼를 가지고 나온다

눈을 자제하는 것은 착한 일이고
귀를 자제하는 것은 착한 일이다.
코를 자제하는 것도 착한 일이고
혀를 자제하는 것도 착한 일이다.

端 目 耳 鼻 口 (단목이비구)
身 意 常 守 正 (신의상수정)
比 丘 行 如 是 (비구행여시)
可 以 免 衆 苦 (가이면중고)

사람은 이 세상에 태어날 때 입 속에 도끼를 가지고 나옵니다. 어리
석은 자는 말을 함부로 지껄여서 그 도끼로 자신을 찍습니다.

'웅변은 은이요, 침묵은 금이다.'라는 오래된 격언은 지금도 유효
합니다. 순수한 영혼의 소유자였던 아메리카 인디언들은 침묵의 지
혜, 침묵의 힘을 이렇게 표현했습니다.

처음에 이 땅에서 살던 이들은 겸양과 자부심이 어우러져 있었다.
정신적인 교만이란 우리의 본성이나 가르침과 거리가 멀다. 교묘한
혀의 힘을 말 못하는 짐승에 대한 우월함의 징표로 삼지 않는다. 그

것은 인간에게 오히려 위험한 재능이었을 뿐이다. 우리는 침묵의 힘을 진심으로 믿었고, 완벽한 균형의 상징으로 생각한다. 침묵은 절대 평정이며, 몸과 마음과 영혼의 균형을 뜻한다. 완벽한 인격을 가진 사람은 더없이 고요하다. 큰 나무에 매달린 나뭇잎처럼, 빛나는 호수의 잔물결처럼 실존의 폭풍에 흔들리지 않는다. 글로 쓰이지 않은 현자의 마음처럼 이것이야말로 인생에서 가장 이상적인 태도이며 행동이다. 만약 현자에게 '침묵이란 무엇이오?'라고 묻는다면, 현자는 '위대한 신비'라고, '신성한 침묵은 그의 목소리'라고 대답할 것이다.

어떤 의미에서 침묵은 과거, 현재, 미래를 하나로 만듭니다. 예를 들면 사랑은 이야기보다는 오히려 침묵에 의해서 드러납니다. 서로 사랑하는 사람들에게 때때로 베풀어지는 예감과 통찰력은 이러한 침묵의 초시간적인 성격과 바로 연결되어 있습니다.

端	目	耳	鼻	口	身	意	常	守	正
바를 단	눈 목	귀 이	코 비	입 구	몸 신	뜻 의	항상 상	지킬 수	바를 정

比	丘	行	如	是	可	以	免	衆	苦
견줄 비	언덕 구	갈 행	같을 여	옳을 시	옳을 가	써 이	면할 면	무리 중	쓸 고

인생 최고의 영양제는 희망이다

쓸모 없는 말을 엮어

늘어놓는 천 마디보다

들으면 마음이 가라앉는

한 마디가 훨씬 뛰어난 말이다.

雖 誦 千 言 (수송천언)

句 義 不 正 (구의부정)

不 如 一 要 (불여일요)

聞 可 滅 意 (문가멸의)

스위팅이라는 사람은 우리의 기억 속에 영원히 남을 이런 멋진 말을 했습니다.

사람은 40일을 먹지 않고도 살 수 있고,

3일 동안 물을 마시지 않고도 살 수 있으며,

8분간 숨을 쉬지 않고도 살 수 있다.

그러나 단 2초도 살 수 없다. 희망 없이는.

그렇습니다. 똑같은 상황, 똑같은 환경이라 할지라도 희망을 가슴에 품고 있는 사람의 인생과, 절망을 가슴에 품고 있는 사람의 인생

사이에는 도무지 메울 수 없을 만큼의 커다란 차이가 있습니다.

실패를 성공으로 이끄는 말, 아무것도 가진 것이 없는 두 손일 때도 모든 것을 가질 수 있는 가능성을 주는 말, 세상에서 두 글자로 된 말 중에서 가장 좋은 말, 그것은 바로 희망입니다.

이탈리아의 시인 단테는 자신의 작품에서 지옥의 입구에는 이런 글이 있다고 적었습니다.

'여기 들어오는 자는 모든 희망을 버려라.'

어떤 상황, 어떤 장소, 어떤 시간에서도 결코 포기해서는 안 될 것 하나. 그것의 이름은 바로 '희망'입니다.

雖	誦	千	言	句	義	不	正
비록 수	욀 송	일천 천	말씀 언	글귀 구	옳을 의	아닐 부	바를 정

不	如	一	要	聞	可	滅	意
아닐 불	같을 여	한 일	구할 요	들을 문	옳을 가	멸망할 멸	뜻 의

제 5 장

주먹을 불끈 쥐는 자보다
두 손 모으고 기도하는 자가
더 강하다

혜택과 이익 앞에서는 뒤로,
덕행과 희생엔 앞으로

천하고 비열한 짓 하지 마라.

게으름을 피우며 건들거리지 마라.

그릇된 견해에 따르지 마라.

세상의 근심거리를 만들지 마라.

不 親 卑 漏 法 (불친비루법)

不 與 放 逸 會 (불여방일회)

不 種 邪 見 根 (부종사견근)

不 於 世 長 惡 (불어세장악)

권세와 명예, 부귀영화를 가까이하지 않는 사람을 청렴결백하다고 말하지만, 그런 것을 가까이하고서도 이에 물들지 않는 사람이야말로 진정 청렴하다고 할 수 있습니다.

권모술수를 모르는 사람을 고상하다고 말하지만, 권모술수를 알면서도 쓰지 않는 사람이야말로 진정 고상한 인격자입니다.

혜택과 이익 앞에서는 남을 앞지르지 말고 덕행과 일에서는 남에게 뒤처지지 맙시다. 남에게서 받는 것은 분수를 넘지 않도록 하고, 자신의 인격을 갈고 다듬는 일에는 몸과 마음을 아끼지 맙시다. 세상을 살아가는 동안에 언제나 성공만 따르기를 바라지 말고, 일을 그르치지 않으면 그것을 곧 성공으로 여깁시다.

남에게 베풀 때, 상대방이 감동하기를 바라지 말고, 상대방이 원망치 않으면 그것이 바로 은덕입니다. 내가 남에게 베푼 공은 마음에 새겨 두지 말고, 남에게 잘못한 것은 마음에 새겨 둡시다. 남이 나에게 베푼 은혜는 잊지 말고, 남에게 원망이 있다면 바로 잊읍시다.

더러운 거름이 많은 땅에서는 초목이 잘 자라고 지나치게 물이 맑으면 물고기가 살지 않습니다. 그러므로 사람은 때 묻고 더러운 것도 용납하는 아량이 있어야 하고 너무 결백하여 독단적으로 몰아세우려 해도 안 됩니다.

不	親	卑	漏	法	不	與	放	逸	會
아닐 불	친할 친	낮을 비	샐 루	법 법	아닐 불	줄 여	놓을 방	달아날 일	모일 회

不	種	邪	見	根	不	於	世	長	惡
아닐 부	씨 종	간사할 사	볼 견	뿌리 근	아닐 불	어조사 어	세상 세	길 장	악할 악

주먹을 불끈 쥐는 자보다
두 손 모으고 기도하는 자가 더 강하다

떨치고 일어나라 게으름 피우지 마라.

선행의 도리를 직접 실천하라.

진리에 따라 행동하는 사람은

이 세상에서도 저 세상에서도 편히 잠든다.

隨 時 不 興 慢 (수시불흥만)

快 習 於 善 法 (쾌습어선법)

善 法 善 安 寐 (선법선안매)

今 世 亦 後 世 (금세역후세)

현명한 사람이 되려거든 사리에 맞게 묻고, 조심스럽게 듣고, 침착하게 대답합시다. 그리고 더 할 말이 없으면 침묵합시다. 목적을 이루기 위해 견딘 시련들이야말로 우리가 얻을 수 있는 가장 커다란 승리입니다. 중요한 것은 우리에게 어떤 일이 일어났는가가 아니라, 일어난 일을 어떻게 받아들이는가에 있습니다.

괴롭히거나 분한 마음을 갖게 한 사람이라도 용서하고 적으로 만들지 맙시다. 만약 용서할 수 없다면 차라리 잊어버립시다.

말을 많이 하면 반드시 필요 없는 말이 섞여 나옵니다. 귀는 닫도록 만들어지지 않았지만 입은 언제나 닫을 수 있게 되어 있습니다.

대머리가 되는 것을 너무 두려워하지 맙시다. 사람들은 머리카락이 얼마나 많고 적은가보다는 그 머리 안에 무엇이 들어 있는가에 더 관심이 있습니다.

잘 웃는 것을 연습합시다. 세상에는 정답을 말하기에 난처한 일이 많습니다. 그때는 허허 웃어보세요. 뜻밖에 문제가 잘 풀립니다. 화내는 사람이 손해 봅니다. 급하게 열을 내고 목소리를 높인 사람이 대개 싸움에서 지며, 좌절에 빠지기 쉽습니다.

주먹을 불끈 쥐기보다 두 손을 모으고 기도하는 자가 더 강합니다. 주먹은 상대방에게 상처를 주고 자신도 아프게 하지만 기도는 모든 사람을 살릴 수 있기 때문입니다.

隨　時　不　興　慢　　快　習　於　善　法
따를 수　때 시　아닐 불　일 흥　게으를 만　　쾌할 쾌　익힐 습　어조사 어　착할 선　법 법

善　法　善　安　寐　　今　世　亦　後　世
착할 선　법 법　착할 선　편안할 안　잠잘 매　　이제 금　세상 세　또 역　뒤 후　세상 세

사랑이 아무리 깊어도 산들바람이고
오해가 아무리 커도 비바람일 뿐

물거품처럼 세상을 보라.

아지랑이처럼 세상을 보라.

이와 같이 세상을 보는 사람은

죽음의 왕도 그를 보지 못한다.

當 觀 水 上 泡 (당관수상포)

亦 觀 幻 野 馬 (역관환야마)

如 是 不 觀 世 (여시불관세)

亦 不 見 死 王 (역불견사왕)

인생은 바람 같은 것이지요. 다 바람 같은 것, 뭘 그렇게 고민하나요. 만남의 기쁨이건 이별의 슬픔이건 다 한순간이지요.

사랑이 아무리 깊어도 산들바람이고 오해가 아무리 커도 비바람일 뿐. 외로움이 아무리 지독해도 눈보라일 뿐. 폭풍이 아무리 세도, 아무리 지독한 사연도, 지난 뒤엔 쓸쓸한 비바람만 맴돌지요.

이 세상에 온 것도 바람처럼 온 것이고, 이 육신을 버리는 것도 바람처럼 사라지는 것이지요. 가을바람 불어 곱게 물든 잎을 떨어뜨리듯 덧없는 바람 불어 모든 사연을 공허하게 하지요.

어차피 바람 같은 걸 굳이 무얼 아파하며 번민하나요. 결국 잡히지 않는 게 삶인 걸 애써 무얼 집착하나요. 다 바람이지요.

그러나 바람 자체는 늘 신선하지요. 상큼하고 새큼한 새벽바람 맞으며 바람처럼 가벼운 걸음으로 바람처럼 살다가는 게 좋아요.

무거운 짐은 결국 마음속에 있지요. 그걸 털어 깃털처럼 가볍게 날려버리면 쇠절구 같은 운명도, 죽음의 왕도 우릴 보지 못합니다.

當	觀	水	上	泡	亦	觀	幻	野	馬
마땅할 당	볼 관	물 수	위 상	거품 포	또 역	볼 관	변할 환	들 야	말 마

如	是	不	觀	世	亦	不	見	死	王
같을 여	옳을 시	아닐 불	볼 관	세상 세	또 역	아닐 불	볼 견	죽을 사	임금 왕

진정 소중한 것은 곁에 두지 않는다

자, 이 세상을 한번 보라.
왕의 수레처럼 현란하게 꾸며진 이 세상을.
어리석은 자는 그 속에 빠지지만
지혜로운 이는 거기에 집착하지 않는다.

如 是 當 觀 身 (여시당관신)
如 王 雜 色 車 (여왕잡색거)
愚 者 所 染 着 (우자소염착)
智 者 遠 離 之 (지자원리지)

정말 소중한 사람이라면 자기 몸 옆에 두려고 하지 말고 자기 마음 옆에 두려고 하세요. 자기 몸 옆에 둔 사람은 떠나면 그만이고 쉽게 떠날 사람입니다.

하지만 자기 마음 옆에 둔 사람이라면 떠나는 것이 아니라 떨어져 있을 뿐이며 평생 떠나지 않는 사람이 될 겁니다.

하지만 자기 마음 옆에 둔 사람이 평생 있을 거라는 생각은 하지 마세요. 뭐든지 꾸준한 노력과 관심 없이는 오래가지 못하는 법이니까요.

그럼 어떻게 해야 자기 마음 옆에 둘 수 있고 상대방 마음 옆에 있을 수 있을까요? 그러기 위해선 욕심을 버려야 합니다. 내 마음 옆에

만 두려고 하는 욕심을.

그리고 먼저 상대방 마음 옆에 평생 있을 수 있는 그런 사람이 되도록 본인 스스로 꾸준한 노력과 관심을 가져야 하겠지요. 그러다 보면 자연스럽게 평생 마음속에서 떠나지 않는 '나'도 아니고 '너'도 아닌 '우리'가 되어 있을 겁니다.

如	是	當	觀	身	如	王	雜	色	車
같을 여	옳을 시	마땅할 당	볼 관	몸 신	같을 여	임금 왕	섞일 잡	빛 색	수레 거

愚	者	所	染	着	智	者	遠	離	之
어리석을 우	사람 자	바 소	물들일 염	붙을 착	슬기 지	사람 자	멀 원	떼놓을 리	갈 지

아무 생각 없이 보낸 오늘은, 어제 죽은 사람이 그렇게도 갈망하던 내일이다

한때 잘못을 저질렀더라도
지금 심가고 잘못을 저지르지 않는다면
그는 능히 이 세상을 비추리라.
구름을 벗어난 달처럼.

人 前 爲 過 (인전위과)

後 止 不 犯 (후지불범)

是 照 世 間 (시조세간)

如 月 雲 消 (여월운소)

어느 사슴목장을 찾았습니다. 주인 어르신과 얘기를 나눴습니다.

"사슴이 몇 마리나 되나요?"

"289마리요."

"어르신 연세는 어떻게 되십니까?"

"한 80은 넘었는데, 끝자리는 잘 모르고 산다오."

"아니, 사슴 숫자는 정확히 아시면서 어찌 나이는 모르십니까?"

"사슴은 훔쳐가는 놈이 많아서 매일 세어 보지만 내 나이야 훔쳐가는 놈이 없어서 그냥저냥 산다오."

장수마을에 갔더니 105세 된 어르신이 계셨습니다.

"장수 비결이 뭡니까?"

"안 죽으니깐 오래 살지!"

"올해 연세가 어떻게 되세요?"

"다섯 살밖에 안 먹었어."

"네? 무슨 말씀이신지……."

"100살은 무거워서 집에다 두고 다녀."

낙천적이고 긍정적인 생각이 장수의 비결이지요.

누군가를 부러워하지 마세요. 재벌들도 다 죽습니다. 권력가들도 다 죽습니다. 부자는 회원권으로 살고 보통 사람은 회수권으로 살고, 부자는 맨션에서 살고 서민은 맨손으로 삽니다. 부자는 사우나에서 땀 빼고 서민은 노동의 현장에서 땀 빼고, 부자는 헬스클럽에 다니고 서민은 핼쑥한 얼굴로 다닙니다. 글자 한두 자 차이일 뿐 별로 불편할 것 없습니다. 차라리 서민이 낭만적이고 살맛나지 않습니까?

살아서 오늘 아침에 신문을 볼 수 있다는 것만 해도, 어제 돌아가신 분은 하고 싶어도 못하는 일입니다.

人	前	爲	過	後	止	不	犯
사람 인	앞 전	할 위	지날 과	뒤 후	멈출 지	아닐 불	범할 범

是	照	世	間	如	月	雲	消
옳을 시	비출 조	인간 세	사이 간	같을 여	달 월	구름 운	사라질 소

여생이 짧을수록
남은 시간이 더 소중하고 더 절박하다

어쩌다가 못된 짓을 했더라도
착한 행동으로 덮어버린다면
그는 능히 이 세상을 비추리라.
구름을 벗어난 달처럼.

人 前 爲 過 (인전위과)
以 善 滅 之 (이선멸지)
是 照 世 間 (시조세간)
如 月 雲 消 (여월운소)

젊어서는 능력이 있어야 살기가 편안하나 늙어서는 존경을 받아야
살기가 편안합니다. 재산이 많을수록, 인물이 좋을수록 늙는 것은 더
욱 억울합니다.

　재산이 많다 해도 죽어 가져갈 방도는 없고, 인물이 좋다 해도 죽
어 가져갈 도리는 없습니다. 성인군자라도 늙음은 싫기 마련이고, 도
덕군자라도 늙음은 싫어합니다. 주변에 미인이 앉으면 바보라도 좋
아하나, 주변에 노인이 앉으면 군자라도 싫어합니다.

　아파 보면 달라진 세상인심을 잘 알 수 있고, 늙어 보면 달라진 세
상인심을 잘 알 수 있습니다. 대단한 권력자가 망명객 신세가 되기도

하고, 엄청난 재산가가 쪽박신세가 되기도 합니다.

육신이 약하면 하찮은 병균마저 달려들고, 입지가 약하면 하찮은 인간마저 덤벼듭니다. 일이 풀릴 때는 어중이떠중이가 다 모이지만, 일이 꼬이면 갑돌이 갑순이도 다 떠나갑니다.

잃어버린 세월을 복구하는 것도 소중하나, 다가오는 세월을 관리하는 것도 소중합니다. 여생이 짧을수록 남은 시간은 더 소중하고, 여생이 짧을수록 남은 시간은 더 절박합니다.

후회는 항상 늦게 오는 법이지만 그래도 늦었다고 생각할 때가 가장 빠른 때입니다. 살아오면서 알게 모르게 저지른 허물을, 알게 모르게 지워가는 것이 인생살이의 정도(正道)입니다.

人	前	爲	過	以	善	滅	之
사람 인	앞 전	할 위	지날 과	써 이	착할 선	멸망할 멸	갈 지

是	照	世	間	如	月	雲	消
옳을 시	비출 조	인간 세	사이 간	같을 여	달 월	구름 운	사라질 소

시간이 촉박한 늦여름 매미는
새벽부터 울어대고,
여생이 촉박한 노인은 새벽부터 심란하다

그물을 벗어난 기러기 떼가
허공을 높이 나는 것처럼
지혜로운 이는 악마와 그 무리를 물리치고
세상 일 벗어나 노닐고 있다.

如 雁 將 群 (여안장군)
避 羅 高 翔 (피라고상)
明 人 導 世 (명인도세)
度 脫 邪 衆 (도탈사중)

사고가 개방적이던 사람도 늙으면 폐쇄적이 되기 쉽고, 진보적이던 사람도 늙으면 타산적이기 쉽습니다. 거창한 무대라도 공연시간은 얼마 안 되고, 훌륭한 무대라도 관람시간은 얼마 안 됩니다.

　자식이 없으면 자식 있는 것을 부러워하나, 자식이 있으면 자식 없는 것을 부러워합니다. 자식 없는 노인은 고독하기 마련이고, 자식 있는 노인은 심란하기 마련입니다. 못 배우고 못난 자식은 효도하기 십상이나, 잘 배우고 잘난 자식은 불효하기 십상입니다. 재산이 많은 사람이 병들면 자식들의 관심이 집중되나, 없는 자가 병들면 자식들

부담이 집중됩니다.

시간이 촉박한 늦여름 매미는 새벽부터 울어대고, 여생이 촉박한 노인은 새벽부터 심란합니다. 계절을 잃은 매미의 울음소리는 처량하고, 젊음을 잃은 노인의 웃음소리는 서글픕니다.

심신이 피곤하면 휴식자리부터 찾고, 인생이 고단하면 안식자리부터 찾습니다. 삶에 너무 집착하면 상실감에 빠지기 쉽고, 삶에 너무 골몰하면 허무감에 빠지기 쉽습니다.

영악한 인간은 중죄를 짓고도 태연하지만, 순박한 인간은 하찮은 일에도 불안해합니다. 그물을 벗어난 기러기처럼 살려고 기도를 하고, 명상을 하고, 수행을 하는 거지요.

如	雁	將	群	避	羅	高	翔
같을 여	기러기 안	장차 장	무리 군	피할 피	새그물 라	높을 고	빙빙 돌아날 상

明	人	導	世	度	脫	邪	衆
밝을 명	사람 인	이끌 도	인간 세	법도 도	벗을 탈	간사할 사	무리 중

입보다 귀를 상석에 앉혀라

오직 하나인 진리를 어기고
함부로 거짓말을 하고
뒷세상 두려움을 믿지 않는 사람은
어떠한 악이라도 범하고 만다.

一 法 脫 過 (일법탈과)
謂 妄 語 人 (위망어인)
不 免 後 世 (불면후세)
靡 惡 不 更 (미악불갱)

인간이 입으로 망한 적은 있어도 귀로 망한 적은 없습니다. 입은 자
신을 주장하지만 귀는 다른 사람의 주장을 듣습니다. 물론 말 없는
것도 좋은 것은 아닙니다. 자신을 주장하지 않고 살아갈 수 없기 때
문입니다.

　인간에게 있어서 에고(ego, 자신 자신에 대한 의식이나 관념)는 강합니다.
그래서 인간은 수다를 떨게 되는 것입니다. 따라서 아무리 수다를 경
계한다고 하더라도 그것은 결코 지나친 것이 아닙니다.

　동물에게 입이 하나, 눈과 귀가 둘인 이유는 주위의 사물을 잘 보
고, 소리를 잘 들어야만 생존할 수 있기 때문입니다. 잘 보고 잘 듣는
것이 동물을 지켜주는 것임을 생각할 때, 우리의 일상생활에도 교훈

이 될 것입니다.

따져서 이길 수는 없습니다. 사랑이라는 이름으로도 잔소리는 용서가 안 됩니다. 반드시 답변을 들어야 한다고 생각하면 화를 자초합니다. 상대편은 내가 아니므로 나처럼 되라고 말하지 마세요. 앞에서 할 수 없는 말은 뒤에서도 하지 마세요.

지루함을 참고 들어주면 감동을 얻습니다. 흥분한 목소리보다 낮은 목소리가 위력이 있습니다. 무시당하는 말은 바보도 알아듣습니다. 작은 실수는 덮어주고 큰 실수는 단호하게 꾸짖으세요.

말은 입을 떠나면 책임이라는 추가 달립니다. 첫 한마디에 정성이 실려야 합니다. 낯선 사람도 내가 먼저 말을 걸면 십년지기가 됩니다. 목적부터 드러내면 대화가 막힙니다. 진짜 비밀은 차라리 개에게 털어놓으세요.

一	法	脫	過	謂	妄	語	人
한 일	법 법	벗을 탈	지날 과	이를 위	허망할 망	말씀 어	사람 인

不	免	後	世	靡	惡	不	更
아닐 불	면할 면	뒤 후	인간 세	쓰러질 미	악할 악	아닐 불	다시 갱

인생에서 가장 중요한 것은 만남이다

온 세상의 왕이 되기보다
천상의 복을 받는 것보다도
또는 온 세상을 다스리기보다도
대자유로 가는 첫걸음이 훨씬 훌륭한 일이다.

夫 求 爵 位 財 (부구작위재)
尊 貴 升 天 福 (존귀승천복)
辯 慧 世 間 悍 (변혜세간한)
斯 聞 爲 第 一 (사문위제일)

인생에서 가장 중요한 것은 만남입니다. 독일의 문학자 한스 카롯사
는 "인생은 너와 나의 만남이다."라고 말했습니다.

인간은 만남의 존재입니다. 산다는 것은 만난다는 것입니다. 부모
와의 만남, 스승과의 만남, 친구와의 만남, 좋은 책과의 만남, 많은
사람과의 만남입니다. 인간의 행복과 불행은 만남을 통해서 결정됩
니다.

여자는 좋은 남편을 만나야 행복하고 남자는 좋은 아내를 만나야
행복합니다. 학생은 훌륭한 스승을 만나야 실력이 생기고 스승은 뛰
어난 제자를 만나야 가르치는 보람을 누리게 됩니다.

자식은 부모를 잘 만나야 하고 부모는 자식을 잘 만나야 합니다.

씨앗은 땅을 잘 만나야 하고 땅은 씨앗을 잘 만나야 합니다.

인생에서 만남은 모든 것을 결정합니다. 우연한 만남이든 섭리적 만남이든 만남은 중요합니다. 인생의 변화는 만남을 통해 시작됩니다. 만남을 통해 우리는 서로를 발견하게 됩니다. 서로에게 의미를 부여하기 시작합니다.

세속에 발 담그고 사는 우리는 세상과 등질 수 없습니다. 맺은 인연을 모두 잘라버리고 출가할 수 없습니다. 그러나 만남만은 선택할 수 있습니다. 진리와 만나기 위해 진리의 끝자락을 잡는 선택과 노력이 필요합니다.

夫	求	爵	位	財	尊	貴	升	天	福
무릇 부	구할 구	벼슬 작	자리 위	재물 재	높을 존	귀할 귀	되 승	하늘 천	복 복

辯	慧	世	間	悍	斯	聞	爲	第	一
말 잘할 변	슬기로울 혜	인간 세	사이 간	사나울 한	이 사	들을 문	할 위	차례 제	한 일

제 6 장

들은 귀는 천년이요,
뱉은 혀는 사흘이라

들은 귀는 천년이요,
뱉은 혀는 사흘이라

원망 품은 사람들 가운데 있을지라도
원망을 버리고 즐겁게 살자.
원망을 가진 사람들 속에서
나만이라도 원망에서 벗어나 살자.

我 生 己 安 (아생이안)
不 慍 於 怨 (불온어원)
衆 人 有 怨 (중인유원)
我 行 無 怨 (아행무원)

말이란 참으로 강한 힘을 가지고 있습니다. 때로는 좋은 말 한마디가
사람의 생명을 살리는 놀라운 능력을 보입니다. 말이 얼마나 중요한
가는 수많은 격언과 고사성어에서 찾아볼 수 있습니다.

"웅변은 은이고 침묵은 금이다!" 듣는 것에 대한 중요성을 말하는
것이지만 때에 맞는 말은 금보다 더 귀한 것입니다.

말 실수는 당시 상황을 모르고 그 본질을 모르고 할 때 일어나는
것입니다. 아무리 좋은 말이라도 그 사람이 처한 입장과 상황을 모르
고 한다면 오히려 그 말로 인하여 상처를 받게 되는 것입니다.

그렇다고 무조건 잠잠히 있다고 좋은 것은 아닙니다. 침묵으로 인

하여 후회할 일이 생기기도 합니다. 꼭 해야 할 말인데도 내가 잠잠함으로써 그가 듣지 못한다면 오히려 그에게 해를 끼치는 것과 같은 것입니다.

때에 맞는 말! 사람을 세우기도 하고 용기를 주기도 하며, 사람을 살리기도 하는 것입니다. 지혜로운 사람은 때에 맞는 좋은 말을 하는 사람입니다.

들은 귀는 천년이요, 뱉은 혀는 사흘이라 했던가요(聽耳千年, 言口三日).

我	生	已	安	不	慍	於	怨
나 아	날 생	이미 이	편안할 안	아닐 불	성낼 온	어조사 어	원망할 원

衆	人	有	怨	我	行	無	怨
무리 중	사람 인	있을 유	원망할 원	나 아	갈 행	없을 무	원망할 원

당신이 바로 마음 푸근하고 어깨 넉넉한 사람

고뇌하는 사람들 가운데 있을지라도
고뇌에서 벗어나 즐겁게 살자.
고뇌하는 사람들 속에서
나만이라도 고뇌에서 벗어나 살자.

我 生 己 安 (아생이안)
不 病 於 病 (불병어병)
衆 人 有 病 (중인유병)
我 行 無 病 (아행무병)

외로울 때 누군가 곁에 있어준다면 쓸쓸했던 순간도 구석으로 밀어놓고 속 깊은 정을 나누며 살아갈 수 있기에 살맛이 솔솔 날 것입니다. 온갖 서러움을 홀로 당하며 살아왔는데 가슴에 맺힌 한을 풀어줄 수 있는 넉넉한 마음을 갖고 있다면 가슴에 켜켜이 쌓였던 아픔도 한 순간에 다 사라지고 말 것입니다.

　생각하지 못했던 어려움이 닥쳐 절망의 한숨을 내쉬어야 할 때도 누군가 곁에 있어준다면 비참하게 짓밟혀 싸늘하게 얼어붙었던 냉가슴도 따뜻하게 녹아내릴 것입니다. 내 삶을 넘나들던 아픔을 다독여주고 늘 축 처지고 가라앉게 하던 우울과 치밀어 올라 찢긴 가슴을 감싸준다면 끝없이 짓누르던 고통도 멈추고야 말 것입니다.

흠집투성이 그대로 받아줄 수 있는 마음이 푸근하고 넉넉한 사람이라면 잠시 어깨를 빌려 기대고 싶습니다. 당신이 바로 그 사람입니다. 푸근한 마음과 넉넉한 어깨를 가진.

영국의 신경제재단(New Economics Foundation)이 2006년 여름에 발표한 행복지수에 따르면 포장도로 하나 없는 남태평양의 바누아투 공화국이 전 세계에서 가장 행복한 나라입니다. 세계에서 부유하다는 국가들의 행복지수들은 그야말로 터무니없이 낮은 것이었습니다.

대한민국은 전체 178개국 중 102위에 올랐습니다. 우리가 행복을 위해 추구하는 돈, 소비, 권력 그리고 높은 예상 수명이 인간을 행복하게 만드는 충분조건은 아닙니다. 또한 소득과 소유가 행복과 성공을 측정하는 척도가 될 수 있는지를 연구한 여러 결과들을 보면 부유함은 인간의 행복에 거의 영향력을 행사하지 못했습니다.

我	生	已	安	不	病	於	病
나 아	날 생	이미 이	편안할 안	아닐 불	병 병	어조사 어	병 병

衆	人	有	病	我	行	無	病
무리 중	사람 인	있을 유	병 병	나 아	갈 행	없을 무	병 병

노자(老子)의 인간관계 오계명(五誡命)

탐욕 있는 사람들 가운데 있을지라도
탐욕에서 벗어나 즐겁게 살자.
탐욕 있는 사람들 속에서
나만이라도 탐욕에서 벗어나 살자.

我 生 已 安 (아생이안)
不 慼 於 憂 (불척어우)
衆 人 有 憂 (중인유우)
我 行 無 憂 (아행무우)

노자(老子)는 주나라 궁정 도서실의 도서 관리인이었다가 궁중 생활
이 싫어 유랑의 길을 떠났습니다. 노자의 행적에 대해선 잘 알려져
있지 않지만 노자의 『도덕경(道德經)』에 나타난 사상에서 인간관계론
을 정리하면 다음과 같습니다.

첫째, 진실함이 없는 아름다운 말을 늘어놓지 마라. 남의 비위를
맞추거나 사람을 추켜세우거나 머지않아 밝혀질 사실을 감언이설(甘
言利說)로 회유하면서 재주로 인생을 살아가려는 사람이 너무나 많다.
그러나 언젠가는 신뢰받지 못하여 사람 위에 설 수 없게 된다.
둘째, 말 많음을 삼가라. 말이 없는 편이 좋다. 말없이 성의를 보이

는 것이 오히려 신뢰를 갖게 한다. 말보다 태도로써 나타내 보여야
한다.

셋째, 아는 체하지 마라. 아무리 많이 알고 있더라도 너무 아는 체
하기보다는 잠자코 있는 편이 낫다. 지혜 있는 자는 지식이 있더라도
이를 남에게 나타내려 하지 않는다.

넷째, 돈에 너무 집착하지 마라. 돈은 인생의 윤활유로서는 필요한
것임에 틀림이 없다. 그러나 돈에 집착한 채 돈의 노예가 되는 것은
안타까운 노릇이다.

다섯째, 다투지 마라. 남과 다툰다는 것은 손해다. 어떠한 일에나
유연하게 대처해야 한다. 자기의 주장을 밀고 나가려는 사람은 이익
보다 손해를 많이 본다. 다투어서 적을 만들기 때문이다. 아무리 머
리가 좋고 재능이 있어도 인간관계가 좋지 않아서 실패한 사람도 많
다. 좋은 인간관계는 인생의 윤활이자 처세의 기본이다.

이는 모두 탐욕을 경계한 말들입니다.

我	生	已	安	不	慼	於	憂
나 아	날 생	이미 이	편안할 안	아닐 불	근심할 척	어조사 어	근심할 우

衆	人	有	憂	我	行	無	憂
무리 중	사람 인	있을 유	근심할 우	나 아	갈 행	없을 무	근심할 우

함께하되 물들지 마라!

맑고 깨끗하여 가진 것 없어도

크게 즐기며 살자.

우리는 광음천의 신들처럼

즐거움을 먹으며 살자.

我生已安 (아생이안)

淸淨無爲 (청정무위)

以樂爲食 (이락위식)

如光音天 (여광음천)

＊광음천(光音天) : 인도신화에 나오는 신의 이름으로,

말할 때 입에서 맑은 빛이 나오고 그 빛이 말이 된다고 한다.

권력과 명예, 이익과 사치를 가까이 하지 않는 사람은 깨끗하다.

그것을 가까이하더라도 물들지 않는 사람은 더욱 깨끗하다.

권모술수를 모르는 사람은 마음이 높은 사람이다.

그것을 알더라도 사용하지 않는 사람은 더욱 마음이 높은 사람이다.

—채근담

공자는 『논어(論語)』에서 "군자는 화이부동(和而不同)하고 소인은 동
이불화(同而不和)하다."고 말했습니다. 군자는 남과 사이좋게 지내기

는 하나 무턱대고 어울리지는 않는다는 뜻입니다.

군자는 다름을 인정하고 다른 것들끼리의 조화를 도모하는데 소인은 다름을 인정하지 않고 무엇과 같게 하거나 혹은 같아지려고 합니다.

소인은 어울림에 있어서 뜻이 통하면 의를 굽히나 군자는 진실을 왜곡하면서 함께하기를 원치 않습니다. 무엇과 비교해 초라해지기보다 오늘을 함께하되 물들지 맙시다.

소인의 삶은 살아내는 것이고, 대인의 삶은 살아가는 것입니다.

我	生	已	安	清	淨	無	爲
나 아	날 생	이미 이	편안할 안	맑을 청	깨끗할 정	없을 무	할 위

以	樂	爲	食	如	光	音	天
써 이	즐길 락	할 위	밥 식	같을 여	빛 광	소리 음	하늘 천

5분이라도 침묵의 위대함을 느껴보라

승리는 원한을 낳고
패자는 괴로워 누워 있다.
마음의 고요를 얻은 사람은
승패를 버리고 즐겁게 산다.

勝 則 生 怨 (승즉생원)
負 則 自 鄙 (부즉자비)
去 勝 負 心 (거승부심)
無 諍 自 安 (무쟁자안)

살아가면서 혹여 누군가가 당신의 신경을 건드렸다면 5분간 침묵한 후에 대화를 하십시오. 한순간 통제하지 못한 자제력으로 인해 혈육 간의 소중한 정이 무너지고 꽃 같은 시절을 함께한 친구와 멀어지고 많은 시간을 나눈 동료들과 등을 돌리곤 합니다.

그리고 우리가 숨을 쉬고 있을 그 순간까지 증오하고 자책하고 후회를 반복하면서 살아야 할지도 모릅니다. 5분의 침묵, 짧지만 때론 아주 긴 시간입니다. 우리의 풍요로운 삶을 좌우할 무척 귀중한 시간입니다.

기독교에서 행하는 침묵기도는 대부분의 사람들에게는 생소한 것이기도 하지만 매우 중요한 영성훈련이며 예배의 연장입니다. 대부분의 사람들에게 기도란 하나님께 요구하는 것이지만, 침묵기도는 하나님 앞에 잠잠히 무릎을 꿇고 나아가는 것입니다.

'가만히 있는다(Be still)'는 것은 쉬운 일이 아닙니다. 사람들은 생각하기보다 행동하고, 묵상하는 것보다 일하는 것을 오히려 편하게 생각합니다. 특히 현대인들에게는 '잠잠하라'는 말이 왠지 불편하게만 느껴집니다. 그러나 우리는 침묵—가만히 있어 잠잠하는 것을 배워야 합니다.

불교의 수행방법 중 참 힘든 것이 묵언수행입니다. 묵언은 세상살이의 번뇌를 피하는 게 아니라 일체 경계를 무심으로 보는 것입니다. 그렇게 되면 일체를 진실 그대로 볼 수 있습니다. 침묵의 위대함을 체험하는 경지이겠지요.

勝	則	生	怨	負	則	自	鄙
이길 승	곧 즉	날 생	원망할 원	질질 부	곧 즉	스스로 자	인색할 비

去	勝	負	心	無	諍	自	安
갈 거	이길 승	질질 부	마음 심	없을 무	다툴 쟁	스스로 자	편안할 안

고요는 멸(滅)이 아니라
욕심 없는 생명력이다

육체의 욕망보다 더한 불길은 없고

성냄보다 더한 독이 없으며

한때의 인연으로 이루어진 이 몸과 같은 괴로움은 없고

마음의 고요보다 더한 평화는 없다.

熱 無 過 婬 (열무과음)

毒 無 過 怒 (독무과노)

苦 無 過 身 (고무과신)

樂 無 過 滅 (낙무과멸)

화날 때는 '참자! 참자! 참자!' 세 번만 속으로 다짐합니다. 감정 관리는 최초의 단계에서 성패가 좌우됩니다. 욱 하고 치밀어 오르는 화는 일단 참아야 합니다.

화가 나면 거꾸로 웃긴다고 생각해봅시다. 세상은 생각할수록 희극적 요소가 많습니다. 괴로울 때 심각하게 생각할수록 고뇌의 수렁에 더욱 깊이 빠져 들어갑니다. 웃긴다고 생각하며 문제를 단순화시킵시다.

'좋다! 까짓것!'이라고 생각합시다. 어려움에 봉착했을 때는 '좋다! 까짓것!'이라고 통 크게 생각합시다. 크게 마음먹으려 들면 바다보다 더 커질 수 있는 게 사람의 마음입니다. 그럴 만한 사정이 있을 거라고, 억지로라도 상대방의 입장이 되어 봅시다. 내가 저 사람이라도 저럴 수밖에 없을 거라고, 뭔가 그럴 만한 사정이 있어서 그럴 거라고 생각합시다.

당신의 신경을 건드린 사람은 마음의 상처를 입지 않고 있는데, 그 사람 때문에 당신은 속을 바글바글 끓인다면 억울하지 않습니까. '내가 왜 그 사람 때문에 속을 썩여야 하지?' 그렇게 생각합시다.

세상만사는 마음먹기에 달렸습니다. 속상한 자극에 연연하지 말고 세상만사 새옹지마라고 생각하며 심적 자극에서 탈출하려는 의도적인 노력을 합시다.

괴로운 일에 매달리다 보면 한없이 속을 끓이게 됩니다. 즐거웠던 지난 일을 회상하면 기분 전환이 됩니다. 심호흡을 하면서 치밀어 오르는 분노는 침을 삼키듯 꿀꺽 삼켜버립시다.

熱	無	過	婬	毒	無	過	怒
더울 열	없을 무	지날 과	음탕할 음	독 독	없을 무	지날 과	성낼 노

苦	無	過	身	樂	無	過	滅
쓸 고	없을 무	지날 과	몸 신	즐길 낙	없을 무	지날 과	멸망할 멸

마음가짐에 따라 사는 게 다르다

굶주림은 가장 큰 병이고
이 몸은 가장 큰 괴로움 덩어리
이 이치를 있는 그대로 안다면
서기 대자유와 평화로움이 있다.

飢 爲 大 病 (기위대병)

行 爲 最 苦 (행위최고)

已 諦 知 此 (이체지차)

泥 洹 最 樂 (이원최락)

사랑을 가지고 가는 자는 가는 곳곳마다 친구가 있습니다.

선을 가지고 가는 자는 가는 곳곳마다 외롭지 않고, 정의를 가지고 가는 자는 가는 곳곳마다 함께하는 자가 있습니다.

진리를 가지고 가는 자는 가는 곳곳마다 듣는 사람이 있으며 자비를 가지고 가는 자는 가는 곳곳마다 화평이 있습니다.

진실함을 가지고 가는 자는 가는 곳곳마다 진실이 있고, 성실함을 가지고 가는 자는 가는 곳곳마다 믿음이 있습니다.

부지런함을 가지고 가는 자는 가는 곳곳마다 즐거움이 있으며, 겸손함을 가지고 가는 자는 가는 곳곳마다 화목이 있습니다.

거짓 속임을 가지고 가는 자는 가는 곳곳마다 불신이 있고, 게으름과 태만을 가지고 가는 자는 가는 곳곳마다 멸시와 천대가 있습니다.

　사리사욕을 가지고 가는 자는 가는 곳곳마다 원망과 불평이 있고, 차별과 편벽함을 가지고 가는 자는 가는 곳곳마다 불화가 있습니다.

飢	爲	大	病	行	爲	最	苦
주릴 기	할 위	큰 대	병 병	갈 행	할 위	가장 최	쓸 고

已	諦	知	此	泥	洹	最	樂
이미 이	살필 체	알 지	이 차	진흙 이	물이름 원	가장 최	즐길 락

신뢰와 행복은 물질에 비례하지 않는다

건강은 가장 큰 이익이고
만족은 가장 큰 재산이다.
믿고 의지함은 가장 귀한 친구이며
대자유는 최고의 평화이다.

無 病 最 利 (무병최리)
知 足 最 富 (지족최부)
厚 爲 最 友 (후위최우)
泥 洹 最 快 (이원최쾌)

한 농부가 부인의 동의를 얻어 더 좋은 말과 바꾸려고 키우던 말을 끌고 시장으로 나갔습니다. 가는 도중에 살찐 암소에게 마음을 빼앗겨 말과 바꾸었습니다.

또 길을 가다가 그 암소를 양과 바꾸었고, 조금 더 가다가 양을 거위와 바꾸었으며, 또 그 거위를 붉은 벼슬을 가진 수탉과 바꾸었습니다. 마지막으로 수탉을 썩은 사과 한 자루와 바꾸었습니다.

날이 저물어 여관방에서 만난 귀족 두 사람이 농부의 사연을 듣고는 "집에 돌아가면 부인이 화가 나서 당신을 받아들이지 않을 것이오."라고 말했습니다.

그러나 농부는 "참 잘했다고 할 것이오."라고 반박했습니다.

그러자 귀족은 만약 그렇다면 자기가 가진 금화를 몽땅 주겠다고 했습니다. 이튿날 집에서 그간의 사연을 들은 농부의 아내는 "그러잖아도 식초를 만들기 위해 썩은 사과가 필요했는데 참 잘되었군요."라고 말했습니다. 결국 농부는 내기에 이겨 부자가 되었습니다.

無	病	最	利	知	足	最	富
없을 무	병 병	가장 최	이로울 리	알 지	만족할 족	가장 최	풍성할 부

厚	爲	最	友	泥	洹	最	快
두터울 후	할 위	가장 최	벗 우	진흙 이	물이름 원	가장 최	유쾌할 쾌

감사와 불평,
당신은 누구와 함께 살고 있는가?

어리석은 자와 함께 사는 것은
원수와 같이 사는 것처럼 고통스럽다.
지혜로운 사람과 함께 살면
친척들의 모임처럼 즐겁기만 하다.

與 愚 同 居 難 (여우동거난)

猶 與 怨 同 處 (유여원동처)

當 選 擇 共 居 (당선택공거)

如 與 親 親 會 (여여친친회)

인간의 가슴 안에는 수많은 교향곡이 연주되고 있습니다. 인생의 교
향곡 중에서 가장 아름다운 음악은 바로 '감사'라는 음악입니다. 그
러나 그 아름다움에도 불구하고 우리는 '감사'라는 음악을 잘 사용하
지 않습니다.

　반면에 가장 추하고 쓸모 없는 '불평'이라는 음악을 애용하는 사람
은 너무도 많습니다. 하루하루의 삶은 우리가 '불평'이라는 음악으로
낭비하기에는 너무 소중한 것입니다. 당신의 마음속에 울리는 불평
의 음악을 이제 꺼두십시오.

　당신 입에서 나오는 불평, 그것들이 하나하나 모이면 당신 인생 전

체를 무너뜨리고도 남을 힘을 지닐 테니까요.

어느 한 부부가 부부싸움을 하다 남편이 몹시 화가 났습니다. 화가 난 남편은 아내에게 소리를 질렀습니다.

"당장 나가 버려!"

아내도 화가 나서 벌떡 일어섰습니다.

"흥, 나가라고 하면 못 나갈 줄 알아요!"

그런데 잠시 후, 아내가 자존심을 내려놓고 집으로 들어갔습니다. 아직 화가 풀리지 않은 남편은 왜 다시 들어왔냐고 소리를 질렀습니다. 그러자 아내가 말했습니다.

"나에게 가장 소중한 것을 두고 갔어요!"

"그게 뭔데?"

"그건 바로 당신이에요!"

남편은 그만 피식 웃고 말았습니다. 그날 이후 이 부부는 싸움을 하다가도 "우리가 부부 싸움을 하면 뭐해!"라며 여유 있게 웃고 맙니다.

與 愚 同 居 難　猶 與 怨 同 處
무리 여 어리석을 우 같을 동 살 거 어려울 난　오히려 유 무리 여 원망할 원 같을 동 살 처

當 選 擇 共 居　如 與 親 親 會
마땅할 당 가릴 선 가릴 택 함께 공 살 거　같을 여 무리 여 친할 친 친할 친 모일 회

이것 또한 지나가리라

지혜롭고 널리 배우고
잘 참고 믿음 있는 거룩한 사람
이런 선인과 선지식을 따르라.
그는 뭇 별 속에 있는 달과 같으니.

是 故 事 多 聞 (시고사다문)
幷 及 持 戒 者 (병급지계자)
如 是 人 中 上 (여시인중상)
如 月 在 衆 星 (여월재중성)

유대경전 주석서인 『미드라시』의 「다윗 왕의 반지」에 나오는 이야기
입니다. 어느 날 다윗 왕이 궁중의 보석 세공인을 불러 명했습니다.

"나를 위하여 반지 하나를 만들되 거기에 내가 전쟁에서 큰 승리를
거두어 환호할 때 교만하지 않게 하고, 내가 절망에 빠져 낙심할 때
좌절하지 않고 용기와 희망을 얻을 수 있는 글귀를 새겨 넣으라."

이에 세공인은 아름다운 반지를 만들었지만 글귀가 생각나지 않아
고민 끝에 지혜롭기로 소문난 솔로몬 왕자를 찾아가 도움을 청했습
니다. 솔로몬이 대답했습니다.

'이것 또한 지나가리라.'

아주 교만할 때에도 아주 절망할 때도 기억하십시오.

이것 또한 지나가리라

—랜터 윌슨 스미스(「다윗 왕의 반지」를 인용하여 지은 시)

슬픔이 그대의 삶으로 밀려와 마음을 흔들고
소중한 것들을 쓸어가 버릴 때면
그대 가슴에 대고 다만 말하라.
"이것 또한 지나가리라."

행운이 그대에게 미소 짓고 기쁨과 환희로 가득할 때
근심 없는 날들이 스쳐갈 때면
세속적인 것들에게만 의존하지 않도록
이 진실을 조용히 가슴에 새기라
'이것 또한 지나가리라.'

是	故	事	多	聞	并	及	持	戒	者
옳을 시	옛 고	일 사	많을 다	들을 문	어우를 병	미칠 급	가질 지	경계할 계	사람 자

如	是	人	中	上	如	月	在	衆	星
같을 여	옳을 시	사람 인	가운데 중	위 상	같을 여	달 월	있을 재	무리 중	별 성

제7장

고여 있지 마라,
멈춰 있지도 마라!

비난은 묵묵히 견디는 것이 상책이다

싸움터에서 화살을 맞고도
참고 견디는 코끼리처럼
나도 세상의 비난을 견디며
항상 정성으로 남을 대하리라.

我 如 象 鬪 (아여상투)
不 恐 中 箭 (불공중전)
常 以 誠 信 (상이성신)
度 無 戒 人 (도무계인)

"평화를 경험하고 싶다면 다른 이들에게 평화를 주십시오. 안전함을 느끼고 싶다면 다른 이들에게 안전함을 알게 해주십시오. 이해할 수 없는 것을 이해하고 싶다면 다른 사람들이 더 잘 이해하도록 도와주십시오. 당신의 슬픔이나 노여움을 치유하고 싶다면 다른 사람의 슬픔이나 노여움을 치유하도록 노력하십시오. 그들은 당신을 기다리고 있습니다. 그들은 지금 이 시간 당신에게서 지도와 도움과 용기와 힘과 이해와 확신을 구하고 있습니다. 무엇보다 그들은 당신에게서 사랑을 구하고 있습니다."

달라이 라마의 연설 일부입니다. 달라이 라마는 티벳 망명정부의 지도자입니다. 중국 측에서 보면 눈엣가시 같은 존재입니다. 그러나 그는 현존하는 중국의 그 어떤 지도자보다 세상사람들로부터 존경을 받고 있습니다.

한나라 회음후 한신(韓信)은 어렸을 때 보잘것없는 외모 때문에 불량배의 가랑이 사이를 기어 건너는 치욕을 당했고, 빨래터 노파의 밥을 빌어먹기도 했습니다. 초패왕 항우는 그의 볼품없는 용모를 업신여겨 범증의 천거를 번번이 거부하며 십 년간이나 말단 벼슬아치 자리를 맴돌게 했습니다. 그런 항우에게 실망하고 유방 밑으로 들어갔으나 연전연승하며 '해하'에서 항우를 완전히 섬멸하고 천하를 유방에게 안겨줄 때까지 갖은 수모를 견뎌내야 했습니다. 그는 초라하기 짝이 없는 몰골 뒤로 천하웅비의 뜻을 감추고 뭇사람들의 갖은 야유와 모욕을 참아내며 기어코 천하 통일을 이룩한 역사상 최고의 명장이 되었습니다.

세상의 비난에 휘둘리지 말고 묵묵히 자기 길을 가면 됩니다.

我	如	象	鬪	不	恐	中	箭
나 아	같을 여	코끼리 상	싸움 투	아닐 불	두려워할 공	가운데 중	화살 전

常	以	誠	信	度	無	戒	人
항상 상	써 이	정성 성	믿을 신	법도 도	없을 무	경계할 계	사람 인

운도 지지리 없는 놈이라고
하늘의 무심함을 탓하지 마라!

길들인 코끼리를 싸움터로 끌고 가고
왕도 길들인 코끼리를 탄다.
비난을 참고 견디는 데 익숙한 이는
사람 가운데서 가장 뛰어난 사람이다.

譬 象 調 正 (비상조정)
可 中 王 乘 (가중왕승)
調 爲 尊 人 (조위존인)
乃 受 誠 信 (내수성신)

주나라 태공망 강태공(姜太公)은 낚시꾼의 대명사요, 전설입니다. 그
가 수십 년간 낚시를 벗하며 때를 기다리는 동안 조강지처마저 그를
버리고 도망가버렸습니다. 검은 머리가 백발이 되고서야 문왕 서백
을 만나 은나라 주왕(紂王)을 멸하고 주나라를 세웠습니다.

그는 숱한 세월을 낚으며 늙은이가 되었지만 결코 하늘을 원망하
거나 포기하지 않았고 그 인내의 결실로 단 한 번의 기회로도 천하를
얻을 수 있었습니다.

한 번 자존심과 명예를 짓밟힌 치욕을 당했다고 생(生)을 포기하면
안 됩니다. 불후의 명저 『사기(史記)』를 지은 사마천(司馬遷)은 친구인

이릉장군을 변호하다 무황제의 노여움을 사서 생식기가 짤리는 궁형의 치욕을 당하고도 목숨을 부지하였습니다.

　당시에는 궁형의 수치를 못 참고 자살하는 자가 많았습니다. 그러나 그는 죽음이 두려워서가 아니라 못다 이룬 역사적 사명을 다하기 위하여 죽음을 선택할 수가 없었습니다.

　그는 거세된 남자가 모진 생명을 질기게 끌고 간다는 온갖 조롱을 참아내며 옥중에서도 저술을 계속하여 마침내 『사기』를 완성하여 불세출의 역사가가 되었습니다.

譬	象	調	正	可	中	王	乘
비유할 비	코끼리 상	고를 조	바를 정	옳을 가	가운데 중	임금 왕	탈 승

調	爲	尊	人	乃	受	誠	信
고를 조	할 위	높을 존	사람 인	이에 내	받을 수	정성 성	믿을 신

집안배경이 나빠서
요 모양 요 꼴이 되었다고 변명하지 마라!

길들인 당나귀도 좋다.

인더스 산(産)의 명마도 좋다.*

전쟁용 큰 코끼리도 좋다.

그러나 자신을 잘 다루는 사람은 더욱 좋다.

雖 爲 常 調 (수위상조)

如 彼 新 馳 (여피신치)

亦 最 善 象 (역최선상)

不 如 自 調 (불여자조)

*예로부터 인더스강 유역은 명마(名馬)를 생산하는 곳으로 알려져 있다.

중국 유일의 여황제 측천무후(則天武后)는 아버지 무사확의 후처소생 둘째딸로 태어났습니다. 갓 14세 때 최말단 후궁 재인이 되어 당태종 이세민을 가무로써 섬겼고 태종의 아들 고종의 총애를 받아 4명의 아들과 2명의 딸을 생산했습니다. 황후가 된 후 그녀는 남자들과 힘겨운 전쟁을 시작했습니다.

장손무기를 내쳤고 상관의를 처형하였으며 심지어 그녀 소생 4명의 아들마저 차례로 버렸습니다. 그녀 나이 67살. 여자든 남자든 아무도 도전할 수 없는 철옹성을 만들고 나서 역사상 전무후무한 여제

(女帝)가 되어 15년간 천하를 다스렸습니다.

　명나라 태조 홍무제 주원장(朱元璋)은 오랑캐의 나라 원대 말기 안휘성의 빈농인 한족집안에서 태어났습니다. 17살에 고아가 되어 탁발승으로서 가뭄과 기근에 찌든 험악한 세상과 맞서야 했습니다. 전란통에 비적 무리의 졸개가 되었을 때 아무도 그를 알아주는 이가 없었습니다.

　그 후 혁혁한 전과를 올린 공으로 반란군의 2인자가 되어 원나라 몽골군을 중원에서 몰아낸 후에도 양반사대부 집안의 멸시와 견제에 시달려야 했습니다. 그는 송곳 하나 꽂을 땅 없었던 빈농집안에서 태어났지만 고아가 되었을 때조차 부모를 원망하지 않았습니다. 그는 결국 몽골 오랑캐를 몰아내고 한족(漢族) 천하를 회복한 명나라의 초대황제가 되었습니다.

雖	爲	常	調	如	彼	新	馳
비록 수	할 위	항상 상	고를 조	같을 여	저 피	새 신	달릴 치

亦	最	善	象	不	如	自	調
또 역	가장 최	높을 선	코끼리 상	아닐 불	같을 여	스스로 자	고를 조

보스 자리에 대한 욕심으로
자신의 직분을 망각하지 마라!

당나귀나 말이나 코끼리로도
사람이 가지 못하는 곳에는 갈 수 없다.
오직 잘 다루어진 사기를 탄 사람,
그 사람만이 거기에 갈 수 있다.

彼 不 能 適 (피불능적)

人 所 不 至 (인소불지)

唯 自 調 者 (유자조자)

能 到 調 方 (능도조방)

역사에는 아름다운 2인자가 많습니다. 말 그대로 주연보다 더 빛나는 조연입니다. 역사는 주인공, 1인자 혼자 만드는 것이 아닙니다.

저우언라이(周恩來)는 1935년 준의회의에서 마오쩌둥(毛澤東)을 모시고 만 리 장정을 따라 나선 때부터 죽는 그날까지 41년 동안 2인자의 길을 묵묵히 걸었습니다. 귀족 가문에서 태어나 공산당 초기 탑리더의 코스를 밟던 그가 가난한 농부의 아들 마오쩌둥을 중국혁명의 지도자로 추천하고 스스로를 낮췄던 것은 인민의 마음을 움직이는 호소력이 마오쩌둥에게 있음을 알았기 때문이었습니다.

총리시절 행정보고를 할 때는 마오쩌둥의 침상 옆에 꿇어 앉아야 했고, 방광암 수술을 받고 싶어도 마오쩌둥의 허락이 떨어지지 않아 수술을 2년이나 미루어야 했습니다. 방광암으로 죽어가는 초읽기의 시간 속에서도 미일(美日)과의 수교, 문화대혁명의 폐허 속에 놓인 국가경제 재건, 덩샤오핑(鄧小平)을 재신임하는 권력의 재편성을 위해 온 힘을 다 쏟았습니다.

그는 죽는 순간에도 "다 죽어가는 나 따위는 돌보지 말고 다른 아픈 동지들을 돌보시오."라는 유언을 남겼습니다. 그는 살아 있는 동안 내내 2인자의 자리에 머물렀지만 인민의 마음속에서 '영원한 1인자', '인민의 벗'으로 다시 태어났습니다. 1인자가 되고자 하는 욕심을 버린 순간, 그는 오히려 '1인자'가 될 수 있었습니다.

彼	不	能	適	人	所	不	至
저 피	아닐 불	능할 능	갈 적	사람 인	자리 소	아닐 불	이를 지

唯	自	調	者	能	到	調	方
오직 유	스스로 자	고를 조	사람 자	능할 능	이를 도	고를 조	방향 방

고여 있지 마라, 멈춰 있지도 마라!

빈둥거리면서 먹기만 하고
잠만 자고 있는 어리석은 자는
사육하는 살찐 돼지와 같아
넷 번이고 내 안을 드나들며 윤회하리라.

沒 在 惡 行 者 (몰재악행자)
恒 以 貪 自 繫 (항이탐자계)
其 象 不 知 厭 (기상불지염)
故 數 入 胞 胎 (고삭입포태)

결코 아는 자가 되지 말고 언제까지나 배우는 자가 됩시다. 마음의
문을 닫지 말고 항상 열어둡시다. 쉴 새 없이 흘러내리는 시냇물은
썩지 않듯이, 날마다 새로운 것을 받아들이는 사람은 언제나 활기가
넘치고 열정으로 얼굴에 빛이 납니다.

　고여 있지 마시길, 멈춰 있지 마시길. 삶은 지루한 것이 아닙니다.
삶은 권태로운 것이 아닙니다. 삶은 신선해야 합니다. 삶은 아름다운
것입니다. 삶은 사랑으로 가득차 있습니다. 자신이 하는 일에 열중하
고 몰두할 때 행복은 자연히 따라옵니다. 결코 아는 자가 되지 말고
언제까지나 배우는 자가 되십시오.

　고민은 어떤 일을 시작하였기 때문에 생기기보다는 일을 할까 말

까 망설이는 데에서 더 많이 생긴다고 합니다. 망설이기보다는 불완전한 채로 시작하는 것이 한걸음 앞서는 것이 되기도 합니다. 새로움으로 다시 시작해 보세요. 그리고 어떠한 경우라도 마음의 문을 닫지 말고 항상 열어두도록 하세요.

마음의 밀물과 썰물이 느껴지지 않나요? 밀물의 때가 있으면 썰물의 시간이 있기 마련입니다. 삶이란 어쩌면 행복과 불행, 기쁨과 슬픔, 행운과 고난의 연속 드라마입니다.

沒	在	惡	行	者	恒	以	貪	自	繫
가라앉을 몰	있을 재	악할 악	행할 행	사람 자	항상 항	써 이	탐할 탐	스스로 자	맬 계

其	象	不	知	厭	故	數	入	胞	胎
터 기	코끼리 상	아닐 불	알 지	싫을 염	옛 고	자주 삭	들 입	태보 포	아이 밸 태

나이로 살기보다 생각으로 살아라

예전에 이 마음은
좋아하는 대로 원하는 대로 쾌락을 따라 헤매었다.
그러나 이제는 나도 내 마음을 다잡으리.
갈고리 쥔 조련사가 발정기의 코끼리 다루듯 하리.

本 意 爲 純 行 (본의위순행)
及 常 行 所 安 (급상행소안)
悉 捨 降 伏 結 (실사항복결)
如 鉤 制 象 調 (여구제상조)

'밥은 봄처럼, 국은 여름처럼, 장은 가을처럼, 술은 겨울처럼'이란 속
담이 있습니다. 모든 음식에는 적정 온도가 있기 마련입니다. 사랑에
도 온도가 있습니다. 사랑의 온도는 100도입니다. 그러나 많은 사람
들이 99도에서 멈춰 버립니다. 기왕 사랑하려면 사랑이 끓어오르는
그 시간까지 사랑합시다.

계란프라이가 아닌 '생명'으로 삽시다. 스스로 껍질을 깨고 나오
면 생명(병아리)으로 부활하지만, 남이 깰 때까지 기다리면 계란프라
이밖에 안 됩니다. 남이 나를 깨뜨릴 때까지 기다린다는 것은 비참
한 일입니다. 관습의 틀을 벗고 고정관념을 깨뜨려, 매일 새롭게 태
어납시다.

생각하는 대로 삽시다. 그렇지 않으면 사는 대로 생각하게 됩니다. 생각의 게으름이야말로 가장 비참한 일입니다. 나이보다 생각으로 세상을 들여다봅시다. 신체적 나이는 어쩔 수 없겠지만 정신적 나이는 29살에 고정해서 삽시다.

돌팔매질을 당하면 그 돌들로 성을 쌓으라는 말이 있습니다. 쓰러지지 않는 게 꿈이 아니라, 쓰러지더라도 다시 일어서는 게 꿈이 되도록 합시다. 거북이보다 오뚝이가 됩시다. 한번 넘어지면 누군가가 뒤집어주지 않으면 안 되는 거북이보다 넘어져도 우뚝 서고야 마는 오뚝이로 삽시다. 신(神)은 실패자는 쓰셔도 포기자는 안 쓰신다고 합니다.

本	意	爲	純	行	及	常	行	所	安
근본 본	뜻 의	할 위	순수할 순	행할 행	미칠 급	항상 상	행할 행	자리 소	편안할 안

悉	捨	降	伏	結	如	鉤	制	象	調
모두 실	버릴 사	항복할 항	엎드릴 복	맺을 결	같을 여	갈고리 구	마를 제	코끼리 상	고를 조

너무 가까이 있어서 보이지 않았을 뿐

생각이 깊고 총명하고 성실한
지혜로운 도반이 될 친구를 만났거든
어떤 어려움이 있더라도 극복하고
마음을 놓고 기꺼이 함께 가라.

若 得 賢 能 伴 (약득현능반)
俱 行 行 善 悍 (구행행선한)
能 伏 諸 所 聞 (능복제소문)
至 到 不 失 意 (지도불실의)

한 사람이 있었습니다. 그에게는 매일매일 그의 곁을 따라다니는 그림자가 있었습니다. 그림자는 항상 그의 곁에 있었습니다. 그는 그림자에게 잘해주었고 그림자는 말없이 그의 곁을 지켰습니다. 어느 날 질투심 많은 바람이 그의 곁을 지나며 말했습니다.

"왜 그림자에게 잘해주세요?"

"그림자는 항상 내 곁에 있어주기 때문이지."

"아니에요. 그림자는 당신이 기쁘고 밝은 날만 잘 보이지, 어둡고 추울 때는 당신 곁에 있지 않았다고요."

생각해보니 그가 힘들고 슬프고 어두울 때는 그림자는 보이지 않았던 거였어요. 그는 화가 났습니다. 그래서 그림자에게 가서 "더 이상 내 곁에 있지 말고 가버려!"하고 말해버렸습니다. 그 한마디에 그림자는 조용히 사라졌답니다.

그 후로 그는 바람과 함께 즐겁게 지냈습니다. 그러나 그것도 잠시. 잠시 스친 바람은 그렇게 조용히 사라져 버렸습니다. 너무나 초라해져버린 그는 다시 그림자를 그리워하게 되었답니다. 그림자가 어디 갔을까, 다시 와줄 순 없을까?

어디선가 그림자는 다시 나오고, 조용히 그의 곁에 있어주었습니다. 그리고 그림자는 이렇게 말했지요.

"난 항상 당신 곁에 있었답니다. 다만 어두울 때는 당신이 보지 못했기 때문입니다. 왜냐고요? 힘들고 슬프고 어두울 때는 난 당신에게 더 가까이 다가가고 있었기 때문이에요. 너무나 가까이 있어서 당신이 바라볼 수가 없었나 봐요."

우린 서로가 힘들 때 누군가가 자신의 곁에 있다는 걸 잊고 삽니다. 세상에 혼자 남겨져 있다고 생각하면 그 아픔은 배가 되어버린답니다. 기억하세요. 당신은 혼자가 아니란 것을. 너무나 가까이 있어서 보이지 않았을 뿐이란 것을.

若	得	賢	能	伴	俱	行	行	善	悍
만일 약	얻을 득	어질 현	능할 능	짝 반	함께 구	갈 행	행할 행	착할 선	세찰 한

能	伏	諸	所	聞	至	到	不	失	意
능할 능	엎드릴 복	모든 제	자리 소	들을 문	이를 지	이를 도	아닐 불	잃을 실	뜻 의

세상의 참된 주인공은 바로 '당신'

그러나 생각이 깊고 총명하고 성실하며
지혜로운 도반이 될 친구를 못 만났거든
정복한 나라를 버린 왕처럼
숲 속을 다니는 코끼리처럼 홀로 가라.

不 得 賢 能 伴 (불득현능반)
俱 行 行 惡 悍 (구행행악한)
廣 斷 王 邑 里 (광단왕읍리)
寧 獨 不 爲 惡 (영독불위악)

세상이 아무리 험악할지라도 진정한 사랑을 거부하는 사람은 없습니다. 누구든 정말 자신을 사랑하는 사람이 있다는 것을 알면 그는 희망을 갖게 됩니다. 그리고 자신을 둘러싼 문제가 무엇이든 간에 이겨낼 힘을 얻습니다. 세상 모든 사람에게 필요한 것은 사랑입니다. 어려움을 겪고 있는 사람에게는 더욱 더 사랑이 필요하지요.

사람마다 자기가 좋아하는 유형이 있습니다. 키가 큰 사람, 말을 재미있게 하는 사람, 잘생긴 사람, 귀여운 사람, 터프한 사람, 돈 잘 쓰는 사람, 날씬한 사람, 통통한 사람 등 다양합니다. 그런데 이 다양한 사람들의 다양한 취향에도 불구하고 모든 사람들이 공통적으로 희망하는 유형이 있습니다.

바로 마음이 넓은 사람과 사랑할 줄 아는 사람입니다. 대부분의 사람들은 좁고 작은 마음을 가지고 있습니다. 다른 사람을 사랑하지 못하면서 자신은 사랑받고 싶어 합니다. 때문에 그런 자신을 이해할 사람을 필요로 합니다. 그리고 자신의 마음을 넓히기보다 다른 사람의 마음이 넓기를 기대합니다.

그러나 우리가 사는 이 땅에는 넓은 마음을 가진 사람이 적습니다. 처음 만났을 땐 마음이 넓은 것 같지만 조금 지나면 그도 역시 우리만큼밖에 안 되는 속 좁은 사람이라는 것을 알게 됩니다. 그러면 우리는 또다시 마음 넓은 사람을 찾아갑니다. 세상에서 자신보다 넓은 마음을 가진 사람을 만난다는 것은 쉽지 않은 일입니다. 하늘에서 떨어지는 번개를 맞는 것보다 마음 넓은 사람을 만나는 것이 더 어렵습니다.

사랑할 줄 아는 사람, 그는 바보를 천재로 만들 수 있는 사람이고 고장 난 세상을 고치는 기술자입니다.

不	得	賢	能	伴	俱	行	行	惡	悍
아닐 불	얻을 득	어질 현	능할 능	짝 반	함께 구	갈 행	행할 행	악할 악	사나울 한

廣	斷	王	邑	里	寧	獨	不	爲	惡
넓을 광	끊을 단	임금 왕	고을 읍	마을 리	편안할 영	홀로 독	아닐 불	할 위	악할 악

당신들에게 나는 어떤 존재인가?

일이 생겼을 때 벗이 있음은 즐겁고
만족은 어떤 경우에나 즐겁다.
착하게 살면 죽는 순간에도 즐겁고
모든 고통에서 벗어나는 것은 즐겁다.

生 而 有 利 安 (생이유리안)

伴 軟 和 爲 安 (반연화위안)

命 盡 爲 福 安 (명진위복안)

衆 惡 不 犯 安 (중악불범안)

사랑받는 것은 행복한 일입니다. 직장이나 가정 혹은 사람들 사이에서 인기 있는 사람들이 공통으로 가진 비결은 무엇일까요? 일본의 정신 의학자 사이토 시게타가 쓴 『사랑받는 사람들의 9가지 공통점』을 보면 사랑받기의 가장 중요한 비결은 바로 '자신을 사랑하는 것'입니다. 이런 사람은 남에게 무리한 요구를 하지 않습니다. 다른 이의 마음을 헤아릴 줄 아는 사람은 사랑받습니다.

또 너무 완벽을 추구하지 않고 알맞게 너그러우며 인생을 80퍼센트로 사는 사람에게는 편안함과 여유가 느껴집니다. 이런 사람은 남에게도 지나친 요구를 하지 않으며 과잉 친절이나 배려로 부담을 주지도 않습니다.

이런 사람은 기다릴 줄 압니다. 사람들에게 사랑받는 사람은 기다려야 하는 시간을 헛되다고 생각하지 않고, 오히려 즐거운 시간으로 바꿉니다. 모임에서 늦는 사람이 있을 때 불평하는 사람이 있는가 하면, 즐거운 이야기로 지루한 시간을 잊게 만드는 사람이 있습니다. 과연 누가 더 인기가 좋을까요?

이런 사람은 의지가 됩니다. 무슨 일이 생겼을 때 든든한 의논 상대가 되어주는 사람은 대개 인내심이 강하고 일관성이 있는 사람입니다. 그들은 남의 실패도 진심으로 걱정해주며 다른 사람에 대한 험담이나 나쁜 소문이 돌았을 때 퍼뜨리지 않고 자기 자신에게서 멈춥니다.

위로나 충고를 할 때에는 상대방의 입장을 충분히 생각한 뒤 감정에 치우치지 않고 객관적으로 말해줍니다. 사람들은 이런 이에게 신뢰감을 느끼고 마음을 털어놓습니다.

生	而	有	利	安	伴	軟	和	爲	安
살 생	말이을 이	있을 유	이로울 리	편안할 안	짝 반	연할 연	화할 화	할 위	편안할 안

命	盡	爲	福	安	衆	惡	不	犯	安
목숨 명	다할 진	할 위	복 복	편안할 안	무리 중	악할 악	아닐 불	범할 범	편안할 안

보화는 쓰면 다함이 있으나,
충효는 아무리 누려도 다함이 없다

이 세상에서 어머니를 공경함은 즐겁고
아버지를 공경함도 즐겁다.
수행자를 공경함도 즐겁고
천하에 도가 있어 그 또한 즐겁다.

人 家 有 母 樂 (인가유모락)
有 父 斯 亦 樂 (유부사역락)
世 有 沙 門 樂 (세유사문락)
天 下 有 道 樂 (천하유도락)

그대가 새벽에 저자로 나가 떡을 사는 것을 보는데, 부모에게 드린다
는 말은 듣지 못하고 자식에게 준다는 말만 들었다. 부모는 아직 먹
지도 않았는데 자식이 먼저 배가 부르니 자식의 마음은 부모의 마음
이 좋아하는 것에 비하지 못하리라. 그대에게 권하노니 떡 살 돈을
많이 내어 사실 날도 얼마 안 남은 늙은 부모님을 잘 봉양하라.

— 명심보감

부귀할 때면 부모를 봉양하기가 쉬우나 부모는 늘 마음이 편치 않고,
가난하고 천하면 자식을 기르기 어렵지만, 자식에게 굶주리고 춥게

하지는 않는다. 한 가지 마음에 두 가지 길이니 자식 위하는 마음이
부모 위하는 마음 같지는 않네. 그대에게 권하노니 부모 섬김을 자식
기르듯 하고 무릇 집이 넉넉치 못한 데 미루지 마라.　　　　─ 명심보감

부모가 늙어 기력이 약해지면 의지할 사람은 자식과 며느리밖에 없
다. 아침저녁으로 부드러운 말로 위로하고, 따뜻하고 부드러운 음식
과 잠자리와 즐겁게 말상대를 해드림으로써 노년의 쓸쓸함을 덜어드
리도록 하라.　　　　─ 부모은중경

부모가 이미 세상을 떠나고 안 계시더라도 무슨 일을 당했을 때 옳게
행동하는 것은 부모의 명예를 빛내는 것이니 힘을 주어 하게 되고,
한편으로는 나쁜 짓을 하려다가도 부모의 이름을 더럽히지 않으려고
다시 반성하여, 좋지 않은 일은 하지 않는 것이다.　　　　─ 예기

　부모를 사랑하는 사람은 남을 미워하지 않으며, 부모를 공경하는
사람은 남을 얕보지 않습니다.

人	家	有	母	樂	有	父	斯	亦	樂
사람 인	집 가	있을 유	어미 모	즐길 락	있을 유	아비 부	이 사	또 역	즐길 락

世	有	沙	門	樂	天	下	有	道	樂
세상 세	있을 유	모래 사	문 문	즐길 락	하늘 천	아래 하	있을 유	길 도	즐길 락

중년을 즐기는 아홉 가지 생각

늙을 때까지 계율 지키는 일 즐겁고
믿음이 뿌리 깊게 내리는 일 즐겁다.
밝은 지혜 얻는 일 즐겁고
온갖 나쁜 일 벗어남도 즐겁다.

持 戒 終 老 安 (지계종노안)
信 正 所 正 善 (신정소정선)
智 慧 最 安 身 (지혜최안신)
不 犯 惡 最 安 (불범악최안)

첫째, 학생으로 계속 남아 있으세요. 배움을 포기하는 순간 우리는 폭삭 늙기 시작합니다.

둘째, 과거를 자랑 맙시다. 옛날 이야기밖에 가진 것이 없을 때 당신은 처량해집니다. 삶을 사는 지혜는 지금 가진 것을 즐기는 것입니다.

셋째, 젊은 사람과 경쟁하지 맙시다. 대신 그들의 성장을 인정하고 그들에게 용기를 주고 그들과 함께 즐깁시다.

넷째, 부탁받지 않은 충고는 굳이 하려고 하지 맙시다. 늙은이의 기우와 잔소리로 오해받습니다.

다섯째, 삶을 철학으로 대체하지 맙시다. 로미오가 한 말을 기억합시다. "철학이 줄리엣을 만들 수 없다면 그런 철학은 꺼져라."

여섯째, 아름다움을 발견하고 즐깁시다. 약간의 심미적 추구를 게을리하지 맙시다. 그림과 음악을 감상하며 책을 즐기고 자연을 사랑하고 아름다움을 만끽하는 것이 좋습니다.

일곱째, 늙어가는 것을 불평하지 맙시다. 가엾어 보입니다. 몇 번 들어주다 당신을 피하기 시작할 것입니다.

여덟째, 젊은 사람들에게 세상을 다 넘겨주지 맙시다. 그들에게 다 주는 순간 천덕꾸러기가 될 것입니다. 두 딸에게 배신당한 리어왕처럼 춥고 배고픈 노년을 보내게 될 것입니다.

아홉째, 죽음에 대해 자주 말하지 맙시다. 죽음보다 확실한 것은 없습니다. 인류 역사상 어떤 예외도 없었습니다. 확실히 오는 것을 일부러 맞으러 갈 필요는 없습니다. 그때까지는 삶을 누리고 즐깁시다. 우리는 살기 위해 여기에 왔습니다.

持	戒	終	老	安	信	正	所	正	善
지킬 지	경계할 계	끝날 종	늙을 노	편안할 안	믿을 신	바를 정	자리 소	바를 정	착할 선

智	慧	最	安	身	不	犯	惡	最	安
슬기 지	슬기로울 혜	가장 최	편안할 안	몸 신	아닐 불	범할 범	악할 악	가장 최	편안할 안

제 8 장

연잎에는 근심의 물방울이
맺히지 않는다

육체의 병이 마음의 병으로 커지지 않길

방탕한 자의 욕망은
칡덩굴처럼 무성하게 자란다.
숲 속에서 열매를 찾아 나선 원숭이처럼
미쳐서 이리저리 끝없이 헤맨다.

心 放 在 淫 行 (심방재음행)
欲 愛 增 枝 條 (욕애증지조)
分 布 生 熾 盛 (분포생치성)
超 躍 貪 果 猴 (초약탐과후)

주거니 받거니 허물을 깨는 건 술이요, 주어도 받아도 그리움이 쌓이는 건 사랑입니다. 뱃속을 채우는 건 술이요, 영혼을 채우는 건 사랑입니다. 손으로 마시는 건 술이요, 가슴으로 마시는 건 사랑입니다. 아무에게나 줄 수 있는 건 술이요, 한 사람에게만 줄 수 있는 건 사랑입니다.

마음대로 마시는 건 술이요, 내 뜻대로 안 되는 건 사랑입니다. 입맛이 설레는 건 술이요, 가슴이 설레는 건 사랑입니다. 주린 허기를 채우는 건 술이요, 마음을 채울 수 있는 건 사랑입니다. 머리를 아프게 하는 건 술이요, 마음을 아프게 하는 건 사랑입니다.

마음은 자신의 가장 소중한 재산입니다. 생각은 우물을 파는 것과

닮았습니다. 처음에는 흐려져 있지만 차차 맑아지니까요. 살다 보면 진정 우리가 미워해야 할 사람이 이 세상에 흔한 것은 아니었습니다. 원수는 맞은편에 있는 것이 아니라 오히려 내 마음속에 있을 때가 많았습니다.

병은 육신의 병이지, 마음의 병은 아닙니다. 성한 다리가 절룩거리면 그것은 어디까지나 다리에 생긴 이상이지, 마음에 생긴 이상은 아니니까요. 그러나 주변을 살펴보면 육신의 병 때문에 마음까지 고통받는 분이 많이 있습니다.

이해가 되고도 남을 일이지만 그렇다고 마음까지 병들면 무척 곤란한 일입니다. 마음은 우리 몸의 뿌리 같은 것이라서 뿌리마저 병들면 회생은 어려운 일이 되고 맙니다. 마음은 다이아몬드처럼 순수할수록 더 무게가 나갑니다. 마음은 팔고 사지 못하지만 줄 수 있는 것이기에 가장 소중한 재산입니다.

心　放　在　淫　行　　欲　愛　增　枝　條

마음 심　놓을 방　있을 재　음란할 음　행할 행　　하고자할 욕　사랑 애　붙을 증　가지 지　가지 조

分　布　生　熾　盛　　超　躍　貪　果　猴

나눌 분　펼칠 포　살 생　성할 치　담을 성　　넘을 초　뛸 약　탐할 탐　실과 과　원숭이 후

연잎에는 근심의 물방울이 맺히지 않는다

천박하고 불타는 욕망을
억제한 사람은
온갖 근심 걱정 말끔히 사라지리라.
물방울이 연잎에서 떨어지듯이.

人 爲 恩 愛 惑 (인위은애혹)
不 能 捨 情 欲 (불능사정욕)
如 是 憂 愛 多 (여시우애다)
潺 潺 盈 于 池 (잔잔영우지)＊

＊ *潺潺*(잔잔) : 물이 졸졸 흐르는 모양

당나귀가 빈 우물에 빠졌습니다. 농부는 슬프게 울부짖는 당나귀를 구할 도리가 없었습니다. 마침 당나귀도 늙었고 쓸모없는 우물도 파묻으려고 했던 터라 농부는 당나귀를 단념하고 동네 사람들에게 도움을 청했습니다.

　동네 사람들은 우물을 파묻기 위해 제각기 삽을 가져와서는 흙을 파 우물을 메워갔습니다. 당나귀는 더욱더 울부짖었습니다. 그러나 조금 지나자 웬일인지 당나귀가 잠잠해졌습니다. 동네 사람들이 궁금해 우물 속을 들여다보니 놀라운 광경이 벌어지고 있었습니다.

당나귀는 위에서 떨어지는 흙더미를 털고 털어 바닥에 떨어뜨렸습니다. 그래서 발밑에 흙이 쌓이게 되고 당나귀는 그 흙더미를 밟고 점점 높이 올라오고 있었습니다. 그렇게 해서 당나귀는 자기를 묻으려는 흙을 이용해 무사히 우물에서 빠져나올 수 있었습니다.

사람들이 자신을 매장하기 위해 던진 비방과 모함과 굴욕의 흙이 오히려 자신을 살립니다. 남들이 흙을 던질 때 그것을 털어버려 자신이 더 성장하고 높아질 수 있는 영혼의 발판으로 만듭시다. 그래서 어느 날 그 곤경의 우물에서 벗어나 자유롭게 살아갈 수 있는 날을 맞이합시다.

人	爲	恩	愛	惑	不	能	捨	情	欲
사람 인	할 위	은혜 은	사랑 애	미혹할 혹	아닐 불	능할 능	버릴 사	뜻 정	하고자 할 욕

如	是	憂	愛	多	潺	潺	盈	于	池
같을 여	옳을 시	근심 우	사랑 애	많을 다	물 흐르는 소리 잔	물 흐르는 소리 잔	찰 영	어조사 우	못 지

오늘도 잠깐 돌아보고 출발하시길!

비록 나무를 베어내도
뿌리가 깊으면 새 움이 돋아나듯
욕망의 뿌리를 뽑아내지 않으면
생사의 고통은 되풀이된다.

如 樹 根 深 固 (여수근심고)
雖 截 猶 復 生 (수절유부생)
愛 意 不 盡 除 (애의부진제)
輒 當 還 受 苦 (첩당환수고)

인생은 참으로 복잡하고 아슬아슬합니다. 걱정 없는 날이 없고 부족함을 느끼지 않는 날이 없으니까요. 어느 것 하나 결정하거나 결심하는 것도 쉽지 않습니다. 내일을 알 수 없어 늘 흔들리기 때문이지요.

말로는 쉽게 '행복하다' '기쁘다'고 하지만 누구에게나 힘든 일은 있기 마련입니다. 얼마만큼 행복하고 어느 정도 기쁘게 살아가고 있는지 알 수는 없지만 모두들 바쁩니다. 나이 들고 건강을 잃으면 '아! 이게 아닌데……' 하는 생각을 하게 될 터인데 말입니다.

왜 그렇게 열심히 어디를 향해, 무엇 때문에 바쁘게 가는지 모를 일입니다. 결국 인생은 내가 나를 찾아가는 것인데 말입니다. 고통, 갈등, 불안 등등은 모두 나를 찾기까지의 과정에서 만나는 것들입니

다. 나를 만나기 위해서 이렇게 힘든 것입니다

　나를 찾은 그날부터 삶은 고통에서 기쁨으로, 좌절에서 열정으로, 복잡함에서 단순함으로, 불안에서 평안으로 바뀝니다. 이것이야말로 각자의 인생에서 만나는 가장 극적인 순간이요, 가장 큰 기쁨입니다.

　아무리 화려해도 몸에 맞지 않는 옷을 입으면 불편하듯이, 아무리 멋진 풍경도 마음이 다른 데 있으면 눈에 들어오지 않듯이, 내가 아닌 남의 삶을 살고 있으면 늘 불안합니다.

　잠깐 쉬면서 나를 먼저 돌아보십시오. 내가 보일 때 행복과 기쁨도 찾아옵니다.

如	樹	根	深	固	雖	截	猶	復	生
같을 여	나무 수	뿌리 근	깊을 심	굳을 고	비록 수	끊을 절	오히려 유	다시 부	살 생

愛	意	不	盡	除	輒	當	還	受	苦
사랑 애	뜻 의	아닐 부	다할 진	섬돌 제	번번이 첩	마땅할 당	돌아올 환	받을 수	쓸 고

썩지 않는 씨앗은 꽃을 피울 수 없다

육체의 욕망에 사로잡힌 사람들은
함정에 빠진 토끼와 같아
속박과 집착의 그물에 걸려
얼마나 많은 괴로움을 받는지.

衆 生 愛 纏 裏 (중생애전리)
猶 兎 在 於 罝 (유토재어저)
爲 結 使 所 纏 (위결사소전)
數 數 受 苦 惱 (삭삭수고뇌)

썩지 않는 씨앗은 꽃을 피울 수 없듯이, 삿된 욕망의 포기 없이는 생
의 꽃봉오리를 맺을 수 없습니다. 분명 이 세상은 육체의 욕망도 누
리고 인생의 목적도 달성하는 그런 호락호락한 공간이 아닙니다. 모
름지기 우리는 낮과 밤을 동시에 보낼 수 없으며, 봄과 가을을 동시
에 즐길 수 없습니다.

밤의 어둠을 지나야 아침의 찬란함이 찾아오고, 여름의 장마를 지
나야 가을의 들판으로 나설 수 있습니다. 부디 자신 안에 있는 허황
된 욕망을 꺾으십시오. 무리한 집착을 포기하면 흙과 태양과 비와 바
람이 저절로 원하는 꽃을 가꾸어갈 것입니다.

그러니 옳고 그름이 분명할 때도 부디 침묵하십시오. 옳은 것을 옳

다 하고 그른 것을 그르다 하는 똑똑함보다 옳고 그른 것 모두를 포용하는 어리석음이 오히려 훌륭한 거름이 됩니다.

내 잘못도 내 탓이고 당신 잘못도 내 탓이며 세상 잘못도 내 탓으로 돌리십시오. 진심으로 욕구를 포기하는 지혜로운 한 죄인이 주변의 사람들을 좁은 행복의 길로 초대할 수 있습니다. 나이 들어 집에서나 모임에서 큰소리를 지르는 것은 어리석음이지요. 이미 우리 시대는 지나갔으니 젊은이들 하는 일에 칭찬을 많이 하는 어른이 존경을 받습니다.

衆	生	愛	纏	裏	猶	兎	在	於	罝
무리 중	살 생	사랑 애	얽을 전	속 리	오히려 유	토끼 토	있을 재	어조사 어	그물 저

爲	結	使	所	纏	數	數	受	苦	惱
할 위	맺을 결	하여금 사	자리 소	얽힐 전	자주 삭	자주 삭	받을 수	쓸 고	괴로워할 뇌

늑대 같은 남자를 남편감으로 골라라

지혜로운 이는 죄인을 묶는 쇠고랑을
강하다고 하지 않는다.
보석이나 귀걸이나 팔찌를 가지고 싶듯이
자식과 아내에 대한 집착을 강하다고 한다.

雖 獄 有 鉤 鏁 (수옥유구섭)
慧 人 不 謂 牢 (혜인불위뢰)
愚 見 妻 子 息 (우견처자식)
染 着 愛 甚 牢 (염착애심뢰)*

＊染着(염착) : 마음이 대상에 물들어 자유롭지 못함. 집착.

깨달음의 세계를 지향하지만 어쩔 수 없이 먼지의 세상에 발 담그고
사는 우리에게 가족은 매우 소중합니다. 그래서 그 집착이 죄수를 묶
는 쇠고랑보다 강하다고 했군요. 가정이 흔들리고 있는 요즈음인지
라 늑대 같은 남편을 고르라고 말하고 싶습니다. 이유는 이렇습니다.
 늑대는 평생 한 마리의 암컷만 사랑하고, 자신의 암컷과 새끼를 위
해 목숨까지 바쳐 싸우며, 사냥을 하면 암컷과 새끼에게 먼저 먹이를
양보하고, 독립한 후에도 종종 부모를 찾아와 인사를 한다는 것입니
다. 우리가 알고 있는 늑대와는 사뭇 다른 본성입니다.

까마귀도 양면설에서 빼놓을 수 없습니다. 까마귀는 부리에서부터 발톱까지 온통 먹장인데다, 울음소리가 듣기 싫어 사람의 눈 밖에 나는 흉조(그렇지 않은 나라도 있지만)의 대명사였습니다. '까마귀 고기를 먹었나' '까마귀가 울면 사람이 죽는다'는 속담처럼 까마귀가 들어가는 말은 모두 좋지 않은 의미로 사용되었습니다. 오합지졸(烏合之卒), 오비이락(烏飛梨落) 같은 성어(成語)도 마찬가지입니다.

그런 까마귀가 실은 지극한 효성을 지녔다고 합니다. 새끼가 자란 뒤에 늙은 어미에게 먹이를 물어다 준다는 반포지효(反哺之孝)의 어원이 바로 효조(孝鳥)인 까마귀에서 유래한 것입니다.

사람을 평가할 때 겉모양만 보고 할 것이 아니라는 말입니다.

雖　獄　有　鉤　鍱　慧　人　不　謂　牢
비록 수　옥 옥　있을 유　갈고리 구　쇠고리 섭　슬기로울 혜　사람 인　아닐 불　이를 위　(가축)우리 뢰

愚　見　妻　子　息　染　着　愛　甚　牢
어리석을 우　볼 견　아내 처　아들 자　쉴 식　물들일 염　붙을 착　사랑 애　심할 심　우리 뢰

이 세상에 내 것은 하나도 없다

참으로 깊고 단단하여
벗어나기 힘든 애욕의 감옥
지혜로운 이는 이 사슬을 끊고
자유로움 속에 편히 노니나니.

慧 說 愛 爲 獄 (혜설애위옥)
深 固 難 得 出 (심고난득출)
是 故 當 斷 棄 (시고당단기)
不 視 欲 能 安 (불시욕능안)

이 세상에 내 것은 하나도 없습니다. 매일 세수하고 목욕하고 양치질
하고 멋을 내는 이 몸뚱이를 '나'라고 착각하면서 살아갈 뿐입니다.
우리는 살아가면서 이 육신을 위해 돈, 시간, 열정, 정성을 쏟아붓습
니다. '예뻐져라. 멋져져라. 섹시해져라. 날씬해져라. 병들지 마라.
늙지 마라.' 하지만 이 몸은 내 의지와 내 간절한 바람과는 전혀 다르
게 살찌고, 야위고, 병이 들락거리고, 노쇠하고, 기억이 점점 상실되
고, 언젠가는 죽게 마련입니다.
　　이 세상에는 누구나 짊어지고 있는 여덟 가지의 큰 고통이 있습
니다.

생노병사(生老病死) : 태어나고 늙고 병들고 죽는 고통

애별리고(愛別離苦) : 내가 좋아하는 것들, 사랑하는 사람 등과 헤어지는 아픔

원증회고(怨憎會苦) : 내가 싫어하는 것들, 원수 같은 사람 등과 만나지는 아픔

구불득고(求不得苦) : 내가 원하거나 갖고자 하는 것이 채워지지 않는 아픔

오음성고(五陰盛苦) : 육체적인 오욕락(재욕, 식욕. 수면욕. 성욕. 명예욕)이 지배하는 아픔 등 네 가지를 합하여 팔고(八苦)라고 합니다.

이런 것은 사람으로 태어난 이상 누구나 겪어야 하는 짐수레와 같은 것. 옛날 성인들께서 주신 정답이 생각납니다.

"몸이나 생명이나 형체 있는 모든 것은(一切有爲法) 꿈같고 환상 같고 물거품 같고 그림자와 같으며(如夢幻泡影), 이슬과 같고 또한 번갯불과 같은 것이니(如露亦如電), 이를 잘 관찰하여 사는 지혜가 필요하다(應作如是觀)."

慧	說	愛	爲	獄	深	固	難	得	出
슬기로울 혜	말씀 설	사랑 애	할 위	옥 옥	깊을 심	굳을 고	어려울 난	얻을 득	날 출

是	故	當	斷	棄	不	視	欲	能	安
이 시	옛 고	마땅할 당	끊을 단	버릴 기	아닐 불	볼 시	하고자 할 욕	능할 능	편안할 안

내 머리 조아려 낮게 임하라

애욕으로 제 몸을 치장하는 건
고치를 짓는 누에와 같다.
그러나 지혜로운 사람은 이것을 알아
탐욕을 끊고 미련 없이 훨훨 자유롭다.

以 婬 樂 自 裹 (이음락자과)
譬 如 蠶 作 繭 (비여잠작견)
智 者 能 斷 棄 (지자능단기)
不 盻 除 衆 苦 (불혜제중고)

세상 살면서 이런 결론에 도달했습니다. '피할 수 없으면 껴안아서
내 체온으로 다 녹이자. 누가 해도 할 일이라면 내가 하자. 스스로 나
서서 기쁘게 일하자. 언제 해도 할 일이라면 미적거리지 말고 지금
당장 하자. 오늘 내 앞에 있는 사람에게 정성을 다 쏟자.'

운다고 모든 일이 풀린다면 종일 울겠습니다. 짜증 부려 일이 해결
된다면 종일 얼굴을 찌푸리겠습니다. 싸워서 모든 일이 잘 풀린다면
누구와도 미친 듯 싸우겠습니다.

그러나 세상일은 풀려가는 순서가 있고 순리가 있습니다. 내가 조
금 양보한 그 자리, 내가 조금 배려한 그 자리, 내가 조금 덜어 놓은
그 그릇, 내가 조금 낮춰 놓은 눈높이, 내가 조금 덜 챙긴 그 공간, 이

런 여유와 촉촉한 인심이 나보다 조금 불우한 이웃은 물론 다른 생명
체들의 '희망공간'이 됩니다.

만생명이 함께 살아야 하는 공생(共生)의 공간이기에 이 세상에 내
것은 하나도 없으니 내 눈에 펼쳐지는 모든 현상이 고맙고 감사할 뿐
입니다. 나를 맞아준 아내가 고맙습니다. 나의 아이들로 와준 아들과
딸에게 고마운 마음이 간절합니다. 부모님과 조상님께 감사하고, 직
장에 감사하고, 먹을거리에 감사하고, 이웃에게 고맙고, 나와 인연
맺은 모든 사람들이 눈물겹도록 고맙습니다. 졸졸 흐르는 시냇물이
고맙고, 창공을 나는 날짐승이 고맙고, 빽빽한 숲들이 고맙고, 비 내
림이 고맙고, 눈 내림이 고맙습니다. 이 세상은 고마움과 감사함의
연속, 여기저기 여행 다닐 수 있고, 자연에 안겨 포근함을 느낄 수 있
으니 나는 행복한 사람, 복 받은 사람, 은혜와 가피를 흠뻑 뒤집어쓴
사람입니다.

以	姪	樂	自	裹	譬	如	蠶	作	繭
써 이	음탕할 음	즐길 락	스스로 자	쌀 과	비유할 비	같을 여	누에 잠	지을 작	고치 견

智	者	能	斷	棄	不	盼	除	衆	苦
슬기 지	사람 자	능할 능	끊을 단	버릴 기	아닐 불	돌아볼 혜	섬돌 제	무리 중	쓸 고

건강의 비결은 봉사다

잡초는 논밭을 망치게 하고
욕정은 사람을 망치게 한다.
탐심 없는 이에게 보시 행하면
거두는 복이 한이 없으리.

愛 欲 意 爲 田 (애욕의위전)
婬 怒 痴 爲 種 (음노치위종)
故 施 度 世 者 (고시도세자)
得 福 無 有 量 (득복무유량)

'뛰는 자의 쾌감(runner's high)'이라는 것이 있습니다. 일정시간 힘차게 달리면 몸에서 엔도르핀이나 도파민이 분비되어 쾌감을 느끼는 것입니다. 조깅, 마라톤을 하는 사람들이 그것을 계속하는 이유 중의 하나죠.

또 '돕는 자의 쾌감(helper's high)'이라는 것이 있습니다. 그것은 짧으면 일주일, 길면 몇 달씩 지속되기도 합니다. '돕는 자의 쾌감'이란 말은 미국의 심리학자 럭스(Allan Luks)가 만들어낸 말인데 자원 봉사자들의 95%가 남을 돕는 순간, 강한 쾌감을 느끼며 자신들의 건강 상태가 또래보다 현저하게 좋다고 대답했다고 합니다.

여기서 돕는 일이란 거창한 것이 아니고 집안일이나 아이 돌보기,

시장 보기, 차량 제공 등 일상의 자질구레한 것들이었습니다. 건강한 삶을 영위하는 데 건강식, 운동도 좋지만 남을 돕는 봉사는 더 좋다는 것이 통계로 나와 있습니다.

캘리포니아주 마린 카운티(Marine county)에 사는 55세 이상의 주민 2,025명을 5년간 조사해보니 매주 교회에 나가는 사람들은 30%, 규칙적으로 운동하는 사람들은 44%, 두 곳 이상에서 봉사활동을 하는 사람들의 사망률이 보통 사람들보다 63% 낮았다고 합니다.

정기적으로 교회 나가는 것보다는 정기적으로 헬스하는 것이 좋고, 정기적으로 헬스하는 것보다는 정기적으로 봉사하는 것이 낫다는 결론입니다.

愛	欲	意	爲	田	婬	怒	痴	爲	種
사랑 애	하고자 할 욕	뜻 의	할 위	밭 전	음탕할 음	성낼 노	어리석을 치	할 위	씨 종

故	施	度	世	者	得	福	無	有	量
연고 고	베풀 시	법도 도	인간 세	사람 자	얻을 득	복 복	없을 무	있을 유	헤아릴 량

제9장

땅에서 넘어진 자,
땅을 짚고 일어서라!

행복한 삶은 창조와 절제로 만들어간다

눈과 귀, 코와 입을 자제하는 것은 착한 일이다.
뜻을 자제하는 것은 착한 일이다.
수행자가 이것을 행하면
뭇 고통에서 벗어날 것이다.

端 目 耳 鼻 口 (단목이비구)

身 意 常 守 正 (신의상수정)

比 丘 行 如 是 (비구행여시)

可 以 免 衆 苦 (가이면중고)

가슴에 기쁨을 가득 담읍시다. 담은 것만이 내 것이 됩니다. 좋은 아침이 좋은 하루를 만듭니다. 하루를 멋지게 시작합시다. 얼굴에 웃음꽃을 피웁시다. 웃음꽃에는 수천만 원의 가치가 있습니다. 남이 잘되도록 도와줍시다. 남이 잘되어야 내가 잘됩니다.

준비하고 살아갑시다. 준비가 안 되면 들어온 떡도 못 먹습니다. 그림자를 보지 말고 몸을 돌려 태양을 바라봅시다. 남을 기쁘게 하면 10배의 기쁨이 나에게 돌아옵니다. 끊임없이 나눕시다. 샘물은 퍼낼수록 맑아집니다.

안 될 이유가 있으면 될 이유도 있습니다. 될 이유만 말하고 약속은 꼭 지킵시다. 사람이 못 믿는 사람은 하늘도 못 믿습니다. 불평을 하지 맙시다. 불평은 자기를 파괴하는 자살폭탄입니다. 어디서나 당당합시다. 기가 살아야 운도 삽니다.

기쁘게 손해를 봅시다. 손해가 손해만은 아닙니다. 요행을 바라지 맙시다. 대박을 노리다가 쪽박을 차게 됩니다.

밝고 힘찬 노래만 부릅시다. 그것이 성공 행진곡입니다. 슬픈 노래를 부르지 맙시다. 그런 노래는 복 나가는 노래입니다. 푸른 꿈을 잃지 맙시다. 푸른 꿈은 행운의 청사진입니다. 감사하고 또 감사합시다. 감사하면 감사할 일이 생겨납니다.

남이 잘하면 박수를 칩시다. 그래야 복을 받습니다. 좋은 말만 합시다. 좋은 말은 자신을 위한 기도입니다. 희망의 꽃을 피웁시다. 희망의 꽃만이 희망의 열매를 맺습니다.

端	目	耳	鼻	口	身	意	常	守	正
바를 단	눈 목	귀 이	코 비	입 구	몸 신	뜻 의	일상 상	지킬 수	바를 정

比	丘	行	如	是	可	以	免	衆	苦
견줄 비	언덕 구	행할 행	같을 여	이 시	옳을 가	써 이	면할 면	무리 중	쓸 고

땅에서 넘어진 자, 땅을 짚고 일어서라!

자기가 얻은 것을 가볍게 여기지 마라.
남을 부러워하지도 마라.
남을 부러워하는 수행자는
마음의 안정을 얻지 못한다.

學 無 求 利 (학무구리)

無 愛 他 行 (무애타행)

比 丘 好 他 (비구호타)

不 得 定 意 (부득정의)

청대 말 거상 호설암(胡雪巖)은 미천한 집안에서 태어나 아버지가 일
찍 죽는 바람에 학업도 못 마치고 환전(換錢)가게 사환으로 들어가 똥
오줌을 치우고 마루를 닦으며 잔신부름으로 어린 시절을 보냈습니
다. 빈손으로 사업을 일으켰고 다시 빈털터리가 되는 과정을 겪고 또
겪었지만 그는 아무리 빈손이라도 살아 있는 한 언제든지 사업을 다
시 일으켜 세울 수 있다고 믿었습니다.

그는 한 푼도 없는 가운데도 스스로의 재기를 믿었고 그에게 없는
것을 메꾸어주는 인재를 대함에 귀천을 가리지 않았습니다. 큰 상인
이 되는 데 돈보다는 사람이 더욱 소중함을 일찍이 깨달았던 그는 부
와 명예를 모두 거머쥔 장사의 신, '상성(商聖)'이 되었습니다.

오늘날 중국은 세계에서 넘버2입니다. 머지않아 미국을 누르고 세계 최강국이 된다는 예측도 있습니다. 중국을 이렇게 발전, 변화시킨 주역이 덩샤오핑입니다. 그는 문화대혁명 때 반모주자파로 몰려 홍위병으로부터 공개비판을 당했고, 하방(下放)당하여 강서성의 한 공장에서 4년간을 육체노동자로 지내야 했습니다. 저우언라이 총리의 도움으로 복권되어 국무원 부총리로 재기했다가 4인방의 농간에 또다시 실각하고 가택연금까지 당해야 했지만 마오쩌둥 사후 정국수습용으로 재기용된 후 화궈펑과의 5년 권력투쟁 끝에 최고실권을 장악했습니다.

그는 세 번 쓰러지고 네 번 일어난 역전의 용사로서 마지막 정치적 위기였던 천안문사태의 시련을 견뎌내고 아무리 넘어져도 다시 일어나는 오뚝이처럼 개혁개방의 총 설계사가 되었습니다.

學	無	求	利	無	愛	他	行
배울 학	없을 무	구할 구	이로울 리	없을 무	사랑 애	다를 타	행할 행

比	丘	好	他	不	得	定	意
견줄 비	언덕 구	좋을 호	다를 타	아닐 부	얻을 득	정할 정	뜻 의

나이를 먹는다는 것은
욕심을 덜어내는 것

수행자여 배 안에 스며든 물을 퍼내라.

배가 가벼워 속력이 빨라질 것이다.

이와 같이 탐욕과 성냄을 끊어버리면

그대는 마침내 대자유의 기슭에 닿게 되리라.

比 丘 扉 船 (비구호선)

中 虛 則 輕 (중허즉경)

除 淫 怒 痴 (제음노치)

是 爲 泥 洹 (시위니원)

추위에 떨어본 사람일수록 태양의 따뜻함을 알고 인생의 괴로움을 겪어본 사람일수록 생명의 존귀함을 압니다. 자신의 생명을 건 실천에서 우러나온 말은 한마디 한마디가 사람들의 마음속에 등불이 되어 빛날 것입니다.

　나이가 들어가는 것은 어찌 보면 열정을 잃어가는 것일 수도 있습니다. 궁금해지는 일도 많아지고 섭섭한 일도 많아지고 때론 노파심으로 말이 많아질 수도 있습니다.

　경험한 수많은 사건들로 진중해지고 노련해지기도 하지만 그 경험들이 스스로를 얽어매어 굳어진 마음이 될 수도 있습니다. 너그럽게 지켜볼 수 있는 아량을 갖게 되었으면 좋겠습니다.

나이는 먹어도 스스로의 모자람을 인정할 수 있는 여유도 갖고 싶습니다. 위엄은 있으나 친절하고 어두워지는 눈으로도 늘 배우는 마음으로 살았으면 좋겠습니다.

글은 삶을 사랑하는 마음으로 써야 합니다. 자신의 삶을 아끼고 다른 사람의 삶을 사랑하는 마음으로 글을 쓰면 누구나 좋은 글을 쓸 수 있습니다.

글뿐만이 아닙니다. 어떤 물건이라도 이런 마음으로 만들면 명품이 됩니다. 머리가 아니라 가슴으로 일하십시오. 머리로 일을 하면 머리가 아프지만 가슴으로 일을 하면 마음이 행복해집니다.

내 사랑의 노력이 누군가를 기쁘게 한다는 생각이 우리 가슴에 스며들면 그때부터는 일도 세상도 나도 다 즐거워집니다. 이것이 행복입니다.

比	丘	戽	船	中	虛	則	輕
견줄 비	언덕 구	두레박 호	배 선	가운데 중	빌 허	곧 즉	가벼울 경

除	淫	怒	痴	是	爲	泥	洹
덜 제	음탕할 음	성낼 노	어리석을 치	이 시	할 위	진흙 니	물이름 원

인생은 자기가 만들어가는 아름다운 길

남에게 항상 친절하라.
우정을 다하고 착한 일을 하라.
그러면 기쁨이 넘쳐
괴로움을 말끔히 없애게 되리라.

生 當 行 淨 (생당행정)
求 善 師 友 (구선사우)
知 者 成 人 (지자성인)
度 苦 致 喜 (도고치희)

모든 사람은 저마다의 가슴에 길 하나를 내고 있습니다. 그 길은 자기에게 주어진 길이 아니라 자기가 만드는 길입니다. 사시사철 꽃길을 걷는 사람이 있는가 하면 평생 동안 투덜투덜 돌짝 길을 걷는 사람이 있습니다.

이런 다짐을 해봅시다. 나는 꽃길을 걷는 사람이 될 것입니다. 내게도 시련이 있을 수 있다는 생각으로 늘 준비하며 사는 사람이 되겠습니다. 시련이 오면 고통과 맞서 정면으로 통과하는 사람이 되겠습니다. 시련이 오면 고통을 받아들이고 조용히 반성하며 기다리는 사람이 되겠습니다.

시련이 오면 약한 모습 그대로 보이고도 부드럽게 일어나는 사람이 되겠습니다. 시련이 오면 고통을 통하여 마음에 자비와 사랑을 쌓는 사람이 되겠습니다. 시련이 오면 다른 사람에게 잘못한 점을 찾아 반성하는 사람이 되겠습니다. 시련이 오면 고통 가운데서도 마음의 문을 여는 사람이 되겠습니다. 시련이 지나간 뒤 고통의 시간을 감사로 되새기는 사람이 되겠습니다.

산다는 것은 신나는 일입니다. 남을 위해 산다는 것은 더욱 신나는 일입니다. 남을 위해 사는 방법 가운데 내 삶을 나눔으로써 다른 사람에게 용기와 지혜를 주는 방법이 있습니다.

어느 한 가지 기쁨과 안타까움이 다른 이에게는 더할 수 없는 깨달음이 되어 삶을 풍요롭게 하기도 합니다. 동행의 기쁨, 끝없는 사랑, 이해와 성숙, 인내와 기다림은 행복입니다. 사랑하고 용서하는 일이 얼마나 좋은 일인지 분명히 느낄 것입니다.

生	當	行	淨	求	善	師	友
살 생	마땅할 당	행할 행	깨끗할 정	구할 구	착할 선	스승 사	벗 우

知	者	成	人	度	苦	致	喜
알 지	사람 자	이룰 성	사람 인	법도 도	쓸 고	보낼 치	기쁠 희

산은 구름을 탓하지 않고
물은 굴곡을 탓하지 않는다

지혜가 없는 자에게는 명상이 없고
명상이 없는 자에게는 지혜 또한 없다.
지혜와 명상을 갖춘 사람은
절대 자유에 가까워진 것이다.

無 禪 不 智 (무선부지)
無 智 不 禪 (무지불선)
道 從 禪 智 (도종선지)
得 至 泥 洹 (득지니원)

거문고 줄을 늘 팽팽한 상태로 조여 놓으면 마침내는 늘어져서 제 소리를 잃게 됩니다. 명상을 거부한 삶도 마침내는 실패로 끝나게 됩니다. 명상은 삶의 정지가 아니라 삶의 훌륭한 일부분입니다.

그릇을 보십시오. 그릇은 가운데 빈 공간이 있음으로써 그릇이 되는 것이지 그렇지 않다면 단지 덩어리에 불과합니다. 우리가 지친 몸을 쉬는 방도 빈 공간을 이용하는 것이지, 벽을 이용하는 게 아닙니다. 텅 빈 것은 쓸모없는 것이 아니라 오히려 더욱 유용한 것임을 알 수 있습니다. 삶의 빈 공간 역시 그러합니다. 그래서 명상은 더욱 소중합니다.

붙잡고 있으면 짐 진 자요, 내려놓으면 해방된 사람입니다. 내려놓기를 거부하는 사람은 자유와 해방을 좇아내는 사람입니다. 스스로 노예이기를 원하는 사람입니다.

명상에는 어떤 대상이 없습니다. 고정된 생각이 없고 고정된 모양이 없습니다. 다만 흐름이 있을 뿐입니다. 대상과 하나 되는 흐름, 물 같은 흐름이 있을 뿐입니다. 그래서 명상은 대긍정입니다. 오는 인연 막지 않는 긍정이요, 가는 인연 잡지 않는 긍정입니다.

산은 구름을 탓하지 않고 물은 굴곡을 탓하지 않는 것과 같은 그것이 곧 긍정입니다. 시비가 끊어진 자리, 마음으로 탓할 게 없고 마음으로 낯을 가릴 게 없는 그런 자리의 쉼입니다.

자유와 해방, 누구나 내 것이기를 바라고 원합니다. 그 길은 명상에 있습니다. 물들지 않고 매달리지 않는 명상에 있습니다.

無	禪	不	智	無	智	不	禪
없을 무	선 선	아닐 부	슬기 지	없을 무	슬기 지	아닐 불	선 선

道	從	禪	智	得	至	泥	洹
길 도	좇을 종	선 선	슬기 지	얻을 득	이를 지	진흙 니	물이름 원

나의 가장 약한 부분을 사랑하라

자기야말로 자신의 주인이고
자기야말로 자신이 의지할 곳이다.
말장수가 좋은 말을 다루듯이
자기 자신을 잘 다루라.

我 自 爲 我 (아자위아)
計 無 有 我 (계무유아)
故 當 損 我 (고당손아)
調 乃 爲 賢 (조내위현)

누구나 자기만의 단점이 있습니다. 그런 점은 외형적인 것이든 내면적인 것이든 누가 지적하지 않아도 자기 자신이 가장 잘 압니다.

그래서 그런 부분은 남이 잘 볼 수 없고 알 수 없도록 감추려고 애를 씁니다. 물론 드러내놓고 싶지 않은 게 사람의 마음입니다. 못생기고 약한 부분이 있기 때문에 인간입니다. 약한 부분이 한 군데도 없는 육체와 영혼을 가진 완벽한 인간은 없습니다.

누구나 다 좋은 것만으로 형성돼 있다면 인간의 인간다움과 아름다움은 상실되고 맙니다. 이런저런 약한 부분들이 모여 인간이라는 건강한 전체를 이룹니다. 내게는 약한 부분이 없었으면 하고 바라지만 그것이 없어지면 또 다른 약점이 나타나 나를 괴롭힐 수도 있습니다. 따라서 그 부분이 없어지기를 바라기 전에 그 부분을 먼저 사랑하는 일이 더 중요합니다.

가장 약한 부분이 나중에는 가장 좋은 부분이 될 수 있습니다. 어쩌면 그 부분 때문에 더 인간적인 매력이 있는지 모릅니다. 가장 못생긴 나무가 산을 지키는 고목이 된다는 것을 우리는 잘 알고 있습니다.

어쩌다가 자기비하의 마음이 생기면 그 마음을 자기애의 마음으로 곧 전환시킵시다. 자기를 스스로 보살피는 마음, 스스로 존중하는 마음, 스스로 책임질 줄 아는 마음이 있을 때 남을 진정 사랑할 수 있습니다.

我	自	爲	我	計	無	有	我
나 아	스스로 자	할 위	나 아	꾀 계	없을 무	있을 유	나 아

故	當	損	我	調	乃	爲	賢
연고 고	마땅할 당	덜 손	나 아	고를 조	이에 내	할 위	어질 현

제10장

독수리는 날갯짓을 하지 않는다

세속의 치열한 삶도 수행이거늘

건너가야 할 저쪽 언덕도 없고
떠나야 할 이쪽 언덕도 없다.
두려움도 속박도 없는 사람을
진정한 수행자라 부른다.

適 彼 無 彼 (적피무피)
彼 彼 已 空 (피피이공)
捨 離 貪 婬 (사리탐음)
是 謂 梵 志 (시위범지)

삶에 대한 가치관이 우뚝 서 있어도 때로는 흔들릴 때가 있습니다.
가슴에 품어온 이루고 싶은 소망들을 때로는 포기하고 싶을 때가 있
습니다. 긍정적이고 밝은 생각으로 하루를 살다가도 때로는 모든 것
들이 부정적으로 보일 때가 있습니다.

완벽을 추구하며 세심하게 살피는 나날 중에도 때로는 건성으로
지나치고 싶을 때가 있습니다. 정직함과 곧고 바름을 강조하면서도
때로는 양심에 걸리는 행동을 할 때가 있습니다.

포근한 햇살이 곳곳에 퍼져 있는 어느 날에도 마음에서는 심한 빗
줄기가 내릴 때가 있습니다. 따스한 사람들 틈에서 호흡하고 있는 순
간에도 문득 심한 소외감을 느낄 때가 있습니다. 행복만이 가득할 것

같은 특별한 날에도 홀로 지내며 소리 없이 울고 싶은 날이 있습니다.

재미난 영화를 보며 소리 내어 웃다가도 웃음 끝에 스며드는 허탈감에 우울해질 때가 있습니다. 자아도취에 빠져 스스로에 만족하는 중에도 자신의 부족함이 한없이 느껴질 때가 있습니다.

늘 한결같기를 바라지만 때때로 찾아오는 변화에 혼란스러울 때가 있습니다. 한 모습만 보인다고 하여 그것만을 보고 판단하지 마십시오. 흔들린다고 하여 곱지 않은 시선으로 바라보지 마십시오.

사람의 마음이 늘 고요하다면 그 모습 뒤에는 분명 숨겨져 있는 보이지 않는 거짓이 있을 것입니다. 가끔은 흔들려보며 때로는 모든 것들을 놓아봅니다. 그러한 과정 뒤에 오는 소중한 깨달음이 있습니다.

適	彼	無	彼	彼	彼	已	空
갈 적	저 피	없을 무	저 피	저 피	저 피	이미 이	빌 공

捨	離	貪	婬	是	謂	梵	志
버릴 사	떼놓을 리	탐할 탐	음탕할 음	이 시	이를 위	범어 범	뜻 지

남들이 생각하는 '나'와
자신이 생각하는 '나'

소라처럼 높게 틀어 올린 머리의 꾸밈새와*
가문이나 태생에 의해 수행자 되는 것은 아니다.
진실과 진리를 가진 자는 평화롭다.
그런 이를 수행자라 한다.

非 族 結 髮 (비족결발)
名 爲 梵 志 (명위범지)
誠 行 法 行 (성행법행)
淸 白 則 賢 (청백즉현)

*부처님 당시 바라문들은 소라처럼 높게 틀어올린 '나발'이라는 머리를 했다.

남들이 생각하는 '나'와 나 자신이 생각하는 '나', 이 두 모습이 때론 당황스러울 만큼 다를 때가 있습니다. 자신을 다 드러내 보이지 않아서일 수도 있고 남들이 내게서 보고 싶은 것만 보고 자기 나름대로 단정 짓기 때문일 수도 있습니다.

그런데 때로 우리는 남들이 생각하는 내 모습에 그렇지 않은 자신을 구겨 넣고 있다는 생각이 들 때가 있습니다.

착한 사람, 능력 있는 사람, 분명한 사람, 아름다운 사람, 여러 틀

속에 자신을 맞춰 넣습니다. 이왕이면 더 많은 사람에게 잘 보이려고
안간힘도 써봅니다. 그러다 보면 자신을 버리고 다른 사람의 생활을
대신하고 있는 것 같은 자신을 발견하기도 합니다.

싫어도 좋은 듯, 지루해도 즐거운 듯, 어느 정도는 자기 것을 양보
하고 살아야 하지만 그것도 지나치면 힘든 일입니다. 본 모습을 조금
드러내면 변했다 하고, 사람들에게 맞추어 행동하다 보면 나중에는
이중인격자라는 오해도 받습니다.

남들이 바라는 '나'와 내가 바라는 '나'가 일치할 수 없는 노릇이
지만 그 사이에서 우리는 위선이 아닌 최선을 선택하는 진정한 자기
모습을 잃지 말아야겠습니다.

非	族	結	髮	名	爲	梵	志
아닐 비	겨레 족	맺을 결	터럭 발	이름 명	할 위	범어 범	뜻 지

誠	行	法	行	淸	白	則	賢
정성 성	행할 행	법 법	행할 행	맑을 청	흰 백	곧 즉	어질 현

겸손은 나무도, 물도, 바람도 아닌
땅이었다

어리석은 자여, 머리의 모습이 무슨 소용인가.

풀옷을 입는다고 어쩔 셈인가.

그대의 속은 너러운 집착의 빌림

겉만 그럴듯하게 치장했구나.

飾 髮 無 慧 (식발무혜)

草 衣 何 施 (초의하시)

內 不 離 着 (내불리착)

外 捨 何 益 (외사하익)

책을 읽다가 '겸손은 땅이다'라는 대목에 눈길이 멈췄습니다. 겸손은 땅처럼 낮고 밟히고 쓰레기까지 받아들이면서도 그곳에서 생명을 일으키고 풍성하게 자라 열매 맺게 한다는 것입니다.

더 놀란 것은 그동안 내가 생각한 겸손에 대한 부끄러움이었습니다. 나는 겸손을 내 몸 높이로 보았습니다. 몸 위쪽이 아닌 내 발만큼만 낮아지는 것이었습니다. 그런데 겸손은 그게 아니었습니다. 내 발이 아니라 그 아래로 더 내려가는 것이었습니다.

그럼으로 밟히고, 눌리고, 다져지고, 아픈 것이 겸손이었습니다. 그 밟힘과 아픔과 애태움 속에서 나는 쓰러진 채 침묵하지만 남이 탄

생하고 자라 열매 맺는 것이었습니다.

　겸손은 나무도, 물도, 바람도 아닌 땅이었습니다.

飾	髮	無	慧	草	衣	何	施
꾸밀 식	터럭 발	없을 무	슬기로울 혜	풀 초	옷 의	어찌 하	베풀 시

內	不	離	着	外	捨	何	益
안 내	아닐 불	떼놓을 리	붙을 착	밖 외	버릴 사	어찌 하	더할 익

육신은 버리고 가야만 하는 배

다 헤진 누더기를 걸치고
야윈 몸엔 앙상한 힘줄이 드러나 있고
홀로 숲 속에서 명상에 잠겨 있는 이
그를 일러 수행자라 한다.

被 服 弊 惡 (피복폐악)
躬 承 法 行 (궁승법행)
閑 居 思 惟 (한거사유)
是 謂 梵 志 (시위범지)

무엇이 삶이고, 무엇이 늙음이고, 무엇이 죽음인가요? 현재의 행복에 최선을 다함이 삶이요, 이러한 삶이 오래되어 편해짐이 늙음이요, 영원히 쉬는 것이 죽음이라면 틀린 말일까요?

사람들은 모든 면에서 양면성을 지녔습니다. 생과 사에 대해서도 그렇습니다. 어떤 사람들은 살기 위해서 발버둥치고 또 어떤 이들은 쉽게 죽어버리려고 합니다. 젊은이들은 젊고 아름다운 것을 좋아하며, 늙고 쭈글쭈글하고 볼품없는 것은 싫어합니다. 그러나 우리 모두는 언젠가는 늙고 병들어 죽게 마련입니다.

벼 이삭도 쌀을 맺으면 그 줄기와 이파리는 누렇게 시들고 볼품없어집니다. 사과나무도 사과를 영글게 할 무렵이면 그 이파리는 벌레

먹어 흉한 모습이 됩니다. 사람도 이와 같이 그 열매, 곧 아들과 딸을 장성시키면 늙고 병들어 볼품없는 모습으로 변해갑니다.

이러한 형상은 지극히 당연하고 자연스러운 것이며 우리는 그와 같은 모습에 오히려 존경심을 가져야 합니다. 늙고 추하게 변해가는 것을 두려워해서는 안 됩니다. 또한 죽음을 두려워해서도 안 됩니다. 죽는다는 것은 있던 것이 없어지는 것이 아니라, 영혼과 육체가 분리되어 더 편히 쉬게 되는 것입니다.

인생은 배를 타고 강을 건너가는 것과 같으며, 강 저편에 닿으면 배를 버리고 뭍으로 올라가서 마을로 걸어 들어가는 것입니다. 육신은 버리고 가야만 하는 배요, 영혼은 마을로 들어가는 나그네입니다. 그 나그네는 거기서 영원히 사는 계속적인 존재입니다.

被	服	弊	惡	躬	承	法	行
입을 피	옷 복	폐단 폐	악할 악	몸 궁	받들 승	법 법	행할 행

閑	居	思	惟	是	謂	梵	志
한가로울 한	있을 거	생각 사	생각할 유	이 시	할 위	범어 범	뜻 지

결혼이라는 수행의 마당에서
넘어야 하는 고개

사랑과 미움의 쇠사슬을 끊고
미혹의 그물과 자물쇠를 벗어나
어둠의 장벽을 헐어버린 사람
그를 일러 수행자라 한다.

斷 生 死 河 (단생사하)
能 忍 超 度 (능인초도)
自 覺 出 塹 (자각출참)
是 謂 梵 志 (시위범지)

인생살이의 큰 몫인 결혼생활도 수행의 과정입니다. 갈등과 애증의
여러 고개를 넘어야 비로소 부부로서 완성된다고 합니다. 일단 결혼
한 부부들은 싫든 좋든 다음과 같은 일곱 고개를 넘어야 한답니다.

첫째 고개는 환상의 고개로 신혼부터 3년쯤 걸려 넘는, 갖가지 어
려움을 비몽사몽간에 웃고 울며 넘는 눈물고개.

둘째 고개는 타협의 고개로 결혼 후 3~7년 동안 서로에게 드러난
단점들을 타협하는 마음으로 위험한 권태기를 넘는 진땀나는 고개.

셋째 고개는 투쟁의 고개로 결혼 후 7~15년을 사는 동안 진짜 상
대방을 알고 난 다음 피차가 자신과 투쟁하며 상대를 포용하는 현기

증 나는 비몽 고개.

넷째 고개는 결단의 고개로 결혼 후 15~20년이 지나면서 상대방의 장·단점을 현실로 인정하고 보조를 맞춰 가는 돌고 도는 헛바퀴 고개.

다섯째 고개는 따로의 고개로 함께 살면서 정신적으로는 별거나 이혼한 것처럼 따로따로 자기 삶을 체념하며 넘는 아리랑 고개.

여섯째 고개는 통일의 고개로 있었던 모든 것을 서로 덮고 새로운 헌신과 책임을 가지고 상대방을 위해 남은 생을 바치며 사는 내리막 고개.

일곱째 고개는 결혼 후 30년이 지난 후에 나타나는 완숙의 단계인 자유의 고개로 노력하지 않아도 눈치로 이해하며 행복을 나누는 고개.

다들 결혼이라는 수행의 마당에서 부부라는 삶을 동업하면서 행복했으면 좋겠습니다.

斷	生	死	河	能	忍	超	度
끊을 단	살 생	죽을 사	물 하	능할 능	참을 인	넘을 초	법도 도

自	覺	出	塹	是	謂	梵	志
스스로 자	깨달을 각	날 출	구덩이 참	이 시	이를 위	범어 범	뜻 지

독수리는 날갯짓을 하지 않는다

모욕과 학대와 투기에도
성내지 않고 견뎌내는 사람
인내라는 강한 힘을 가진 이
그를 일러 수행자라 한다.

見 罵 見 擊 (견매견격)
默 受 不 怒 (묵수불노)
有 忍 耐 力 (유인내력)
是 謂 梵 志 (시위범지)

독수리는 날아가지 않습니다. 날아간다는 것은 이쪽에서 저쪽으로 날갯짓해서 날아간다는 것인데 독수리는 다른 새들처럼 날지 않습니다. 선천적으로 바람의 흐름을 구별하는 능력을 가지고 있어서 적당한 바람에 따라서 몸을 맡기기 때문입니다.

그래서 독수리는 날갯짓을 할 필요가 없습니다. 독수리가 하는 일은 단지 날개를 펴고 바람을 타는 것입니다. 다른 새들은 폭풍을 두려워하지만 독수리는 폭풍을 받아들입니다. 폭풍 때문에 더 높이 날아오르기 때문입니다.

당신 앞에 폭풍이 있습니까? 다른 새들처럼 그 폭풍이 두렵습니까? 당신 앞의 폭풍을 두려워하지 마세요. 어떤 것도 두려워하지 말고 단지 자신의 모든 일에 마음을 편안하게 놓고 그저 바람만 타면 됩니다.

어려움은 당신을 더 높이 날게 만들 것입니다. 자신이 때론 갈대같이 여겨지고 때론 하찮은 미물처럼 여겨질 때가 있습니다. 그러나 산정에 올라 숨 한번 크게 쉬고 세상을 내려다보면 당신은 억센 독수리가 됩니다. 미물은 까마득한 세상 아래 있는 것들입니다.

見	罵	見	擊		默	受	不	怒
볼 견	욕할 매	볼 견	부딪칠 격		묵묵할 묵	받을 수	아닐 불	성낼 노

有	忍	耐	力		是	謂	梵	志
있을 유	참을 인	견딜 내	힘 력		이 시	이를 위	범어 범	뜻 지

마음을 열고 무거운 것들을
털어내버려라

연잎의 물방울, 바늘 끝의 겨자씨처럼

뱀이 껍질을 벗는 것처럼

어떠한 욕망에도 얽매이지 않는 사람

그를 일러 수행자라 한다.

心 棄 惡 法 (심기악법)

如 蛇 脫 皮 (여사탈피)

不 爲 欲 汚 (불위욕오)

是 謂 梵 志 (시위범지)

마음이 열려 있는 사람 곁에는 사람들이 머무르기를 좋아합니다. 지나치게 주관이 강하고 마음이 굳어 있고 닫혀 있는 사람 곁에는 사람이 떠나갑니다.

다른 사람들의 이야기에 귀 기울이고 열린 마음으로 모든 사람을 대한다면 그 사람 가까이 있고 싶어 할 것입니다. 다른 이의 말을 잘 들어주고 마음을 받아주는 것은 겸손한 사람일 것입니다.

무엇인가를 애써 주려고 하지 않아도 열린 마음으로 남의 말을 경청하려 든다면 그 사람 곁에는 늘 사람들이 머물 것입니다. 자신을 낮추고 또 낮춰 저 평지와 같은 마음이 되면 거기엔 더 이상 울타리가 없으며 벽도 없을 것입니다.

봄이 되면 넓디넓은 들판엔 각기 색깔이 다른 수많은 들꽃들이 어울려 잘들 살아가듯이 그렇게 열려 있는 마음은 편안하게 살아갈 수 있습니다. 들판에 피어 있는 들꽃들은 모양과 향기가 달라도 서로 시기하지 않으며 싸우려고 들지 않으며 아무런 갈등도 없이 살아갑니다.

그것처럼 열린 마음은 자유로운 마음입니다. 열린 마음은 강합니다. 저 광활한 들판이 어떤 것과도 자리다툼을 하지 않듯이 열린 마음에는 일체의 시비가 끼어들지 않습니다.

나를 낮추고 마음을 열어 두십시오. 진정 강해지려면, 어디에도 구속받지 않는 자유인이 되려면 마음을 열고 끝없이 자신을 낮추십시오.

心 棄 惡 法 如 蛇 脫 皮
마음 심 버릴 기 악할 악 법 법 같을 여 뱀 사 벗을 탈 가죽 피

不 爲 欲 汚 是 謂 梵 志
아닐 불 할 위 하고자 할 욕 더러울 오 이 시 이를 위 범어 범 뜻 지

가장 쉽고 큰 지혜는 들을 줄 아는 지혜

미움을 가진 무리 속에 있으면서도 미워하지 않고
난폭한 무리 속에 있으면서도 성내지 않고
악을 선으로 갚는 사람
그를 일러 수행자라 한다.

避 爭 不 爭 (피쟁부쟁)
犯 而 不 慍 (범이불온)
惡 來 善 待 (악래선대)
是 謂 梵 志 (시위범지)

오늘날에는 너무나 많은 소리가 주변에 가득 차 있어서 좋은 소리를
택해 듣는 데 어려움이 많습니다. 좋은 소리를 만드는 것은 우리의
권리이고 책임입니다. 또한 듣는 것에도 예절과 책임이 필요합니다.

얼굴의 구조를 보면 보는 눈도 둘이요, 듣는 귀도 둘입니다. 그러
나 말하는 입은 하나입니다. 적게 말하라는 구조입니다.

다른 사람의 흉을 볼 때에 꼭 알아야 할 것은, 손가락질을 할 때 나
머지 세 개의 손가락은 자신을 향해 있다는 사실입니다.

어떤 이야기를 할 때 남의 말을 듣고 얘기를 해야지 안 듣고 얘기
를 하면 오해와 갈등이 시작됩니다. 상대방이 이야기를 할 때 귀 기
울여 들어야 합니다.

어떤 모임이든지 침묵하면서 성실하게 일을 하는 사람들이 있기에 유지되는 것입니다. 그 사람들의 침묵의 소리를 들으려고 해야 합니다.

소수의 부정적인 사람들의 말을 듣고 무슨 일을 결정하면 커다란 실수를 저지르게 됩니다.

避	爭	不	爭	犯	而	不	慍
피할 피	다툴 쟁	아닐 부	다툴 쟁	범할 범	말이을 이	아닐 불	성낼 온

惡	來	善	待	是	謂	梵	志
악할 악	올 래	착할 선	기다릴 대	이 시	이를 위	범어 범	뜻 지

용맹도 변명도 스스로 만드는 것

황소처럼 씩씩하고 기품 있고 늠름하며

세상을 이기고 자기를 이긴

욕심 없고 때를 씻어 버린 사람

그런 이를 수행자라 부른다.

最 雄 最 勇 (최웅최용)

能 自 解 度 (능자해도)

覺 意 不 動 (각의부동)

是 謂 梵 志 (시위범지)

나에게 일어난 일의 대부분의 책임은 나에게 있습니다. 사람은 자신의 고통을 다른 사람이나 외부 환경 탓으로 돌리려고 합니다. 하지만 자신을 고통에 빠뜨리는 것도, 그 속에서 구해내는 것도 결국은 자기 자신임을 알아야 합니다.

모든 인간관계에서 주도권은 무심한 사람이 쥐고 있습니다. 어떤 인간관계든 깨어질 때는 한쪽이 먼저 마음이 떠나기 마련이며, 그 사람이 오히려 강자가 되어 원상회복을 위한 약자의 모든 노력을 헛수고로 만들어버립니다.

함부로 베푸는 친절이 상대를 더 망칠 수 있습니다. 우울증에 걸린 사람에게 필요한 것은 주위사람들의 친절이나 보호가 아니라 절망을 이겨내겠다는 본인의 강력한 의지입니다.

정말로 바꾸고 싶다면 지금 당장 용기를 내야 합니다. 무언가 불만이 있는데도 부딪쳐 싸워낼 의욕이나 용기가 없어 내버려두고 있다면 그 사람은 아직 충분히 불만스러운 것이 아닐지도 모릅니다.

열 번의 변명을 하느니 한 번의 모험을 하는 것이 낫습니다. 새로운 일에 도전하면서 왜 그 일을 할 수 없는가에 대한 변명거리만 준비하는 사람이 있는가 하면, 스스로 그 일을 하지 못할 이유가 없다는 모험심으로 출발하는 사람이 있습니다.

지금 여기에서 좋은 것이 영원히 좋으리란 법은 없습니다. 뛰어난 두뇌, 유머감각, 완벽주의 등 어떤 사람을 돋보이게 해주던 요소들이 때로는 그 사람을 불리한 처지로 몰아넣을 수 있습니다. 인생에 절대적 가치가 없듯이 절대적 장점이란 것도 없습니다.

最	雄	最	勇	能	自	解	度
가장 최	승리할 웅	가장 최	날쌜 용	능할 능	스스로 자	풀 해	법도 도

覺	意	不	動	是	謂	梵	志
깨달을 각	뜻 의	아닐 부	움직일 동	이 시	이를 위	범어 범	뜻 지

서로를 격려하는 삶을 살아가자

사람으로 태어나기 어렵고
세상에 나서 오래 살기 어려우며
바른 가르침을 듣기도 어렵지만
깨달은 이의 출현은 더욱 어려운 일이다.

得 生 人 道 難 (득생인도난)
生 壽 亦 難 得 (생수역난득)
世 間 有 佛 難 (세간유불난)
佛 法 難 得 聞 (불법난득문)

인생이란 나그네가 걷는 마음의 여행길이라 할 수 있습니다. 우리는 지금 그 길에서 잠시 머무는 것뿐입니다. 보이지 않는 것을 지향하며 굳건히 걸어가야 합니다. 우리의 여행은 어둠이 아닌 밝은 여행이 되어야 합니다.

들을 귀가 없는 사람에게는 어떤 말을 해도 반발할 뿐입니다. 남모르게 상대를 위해 기도하십시오. 그러는 사이에 서로의 마음이 통하게 되어 상대방의 마음이 부드럽게 변하게 될 것입니다.

사람들의 비판에 동요하는 사람은 완성의 길에서 멀리 있는 사람입니다. 서로 맞지 않은 사람과 일치할 수 있는 방법은 내가 먼저 마음을 바꾸는 일입니다. 사람의 마음속에 있는 생각은 누구도 알 수 없습니다. 자신의 내면을 바르게 하려고 애쓰지 않는다면 사람들과 진정한 일치를 이룰 수 없습니다.

자신의 이익을 위해 다른 사람을 이용한다면 그 관계는 오래가지 못합니다. 사람과 사람과의 관계는 서로 존중해야 합니다. 다섯 손가락의 역할이 서로 다른 것과 같이 사람이 지니고 있는 특성도 다릅니다. 그러므로 상대방의 장점을 살려주도록 하십시오. 그것이 곧 상대방을 응달에서 햇볕으로 향하게 하는 것입니다.

따뜻한 격려의 말은 사람들을 강인하게 하고 자신감을 줍니다. 누군가를 인정해 주는 것은 그를 살려주는 것이며 삶의 윤활유가 됩니다.

반대로 자만하고 자랑하는 것은 마찰의 요인이 됩니다. 중요한 것은 상대에게 무언가를 주는 것이 아니라 어떤 마음으로 주는가 하는 것입니다. 자기 자신에게 도움이 되는 것에만 관심을 둔다면 그 사람은 점점 왜소해지고 맙니다. 그러나 이웃의 도움에 마음을 쓰는 사람은 반드시 성장할 것입니다.

得	生	人	道	難	生	壽	亦	難	得
얻을 득	날 생	사람 인	길 도	어려울 난	날 생	목숨 수	또 역	어려울 난	얻을 득

世	間	有	佛	難	佛	法	難	得	聞
인간 세	사이 간	있을 유	부처 불	어려울 난	부처 불	법 법	어려울 난	얻을 득	들을 문

참고문헌

법정스님 『숫타니파타』(도서출판 샘터, 1991)

법정스님 『말과 침묵』(도서출판 샘터, 2002)

김달진 『법구경(김달진 전집 7)』(도서출판 문학동네, 2005)

법정스님 『진리의 말씀 – 법구경』(도서출판 이레, 2005)

거해스님 『법구경』(도서출판 샘이 깊은 물, 2007)

김달진 『법구경』(도서출판 현암사, 2007)

무념 · 응진 『법구경 이야기(1,2,3)』(도서출판 옛길, 2008)

석지현 『법구경』(도서출판 민족사, 2008)

전재성 『법구경 – 담마파다』(한국빠알리성전협회, 2008)

정태혁 『법구경 인연담』(도서출판 정신세계사, 2008)

박용길 『유마경』(도서출판 민족사, 2009)

송원스님 『알기 쉬운 법구경』(도서출판 창작시대, 2009)

정여스님 『진리의 바다』(도서출판 밝은 내일, 2010)

김현진 『법구경에서 배우는 성공비결 108가지』(도서출판 청어, 2011)